Undercover

Die wahre Geschichte eines Drogenfahnders

Undercover

Die wahre Geschichte eines Drogenfahnders

Verlag Kleindienst

Impressum
Verlag Kleindienst
Eduard Klinger Straße 19
A-3423 St. Andrä-Wördern

Umschlaggestaltung: Werbeagentur Irlacher OEG
Druck: Gerin, Wolkersdorf

1. Auflage 2002
www.kleindienst.cc
E-Mail: office@kleindienst.cc
ISBN 3-9501151-5-3

Inhalt

7 Vorwort

DIENST BEI DER FLUGHAFEN-ANTITERROREINHEIT

12 Dienstantritt
19 O Tannenbaum
22 Bevor es schlimmer weitergeht …

AUS DER UNIFORM IN DEN UNTERGRUND

25 Ausbildung zum Undercover-Fahnder
30 Marcella
71 Der Wikinger
91 Eine Überdosis Gefühl
110 Ich habe die Nase voll …
128 Die Mutter aller Informationen
137 Der Zahnarzt

WER MIT HUNDEN SCHLAFEN GEHT, WACHT MIT FLÖHEN AUF

149 Unter Verdacht
154 Zum Verhör
161 Eingesperrt
183 Das lange Warten
189 Geburt

Danksagung

Seine wahren Freunde erkennt man erst in der Not – wenn sie auch dann noch ohne Wenn und Aber zu einem halten.
Ein großes Dankeschön an sie.

Weiters ergeht mein besonderer Dank an:

– Dr. Eduard WEGROSTEK und seine gesamte Rechtsanwaltskanzlei für die professionelle Vertretung meines Falles.

– Dr. Michael BEREIS, ebenfalls Rechtsanwalt, der durch seine Loyalität und seinen Mut meine zukünftige Laufbahn rettete.

– Das Generalinspektorat der Sicherheitswache, welches mir einen neuen Aufgabenbereich innerhalb der Behörde zuteilte.

– Nicht zu vergessen sind alle jene Kollegen, die mich unvoreingenommen und freundschaftlich in ihre Gemeinschaft aufgenommen haben.

Vorwort

Mit dreizehn Jahren kam ich drauf, dass es noch andere Dinge im Leben gab, als zwischen meinen geschiedenen Eltern hin und her zu pendeln.

Wie aus dem Nichts tauchten plötzlich „Freunde“ auf. Das Leben fing an schillernd und abwechslungsreich zu werden. Mindestens einmal die Woche stieg eine heiße Party in irgendeinem Kellergewölbe. Langhaarige Freunde rauchten große, selbst gedrehte Zigaretten, Joints genannt, und zu David Dundas und Drupi wurde eng getanzt.

Meine Automechanikererlehre brachte mich dem Erwachsensein einen Riesenschritt näher. Das erste eigene Moped ließ mein Selbstwertgefühl in ungeahnte Höhen steigen; fast noch mehr trug meine erste richtige Braut dazu bei, die mich am Sozius begleitete.

Sie wohnte im Wiener Außenbezirk Simmering.

Ihren Vater – gerade 35 Jahre alt – fanden wir eines Tages in seiner Wohnung – mit blau angelaufenem Gesicht im Badezimmer hockend.

Eine blutige Spritze steckte in seiner Armbeuge. Die herbeigerufene Rettung konnte nur noch seinen Tod feststellen. Ursache: eine Überdosis Heroin.

Seine Tochter tat es ihm nach unserer kurzen, heftigen Beziehung gleich – sie ließ sich von der Droge in ihren Bann ziehen.

Das war nicht unbedingt meine Sache und so entschwand sie irgendwann aus meinem Umfeld.

Einige Jahre später erfuhr ich ganz zufällig von ihrem Tod.

Beim Bundesheer kam ich erneut in Kontakt mit Suchtgift. Ich weiß nicht warum, aber aus unerfindlichen Gründen verfolgte es mich, seit ich denken konnte. Ein gütiges Schicksal ersparte es mir, selbst süchtig zu werden, obwohl ich mich fast ständig in Gesellschaft konsumierender und dealender Personen bewegte.

Am Truppenübungsplatz qualmte es aus den Schützengräben – wer dabei erwischt wurde, wanderte ins Militärgefängnis.

Mit zwanzig suchte ich um Aufnahme bei der Wiener Polizei an. Ich wollte einen sicheren Beruf – ein bisschen Action konnte ruhig auch dabei sein.

Meine Faulheit beim Lernen hätte meine Berufspläne beinahe zum Scheitern gebracht. Letztlich schaffte ich die Polizeischule mehr schlecht als recht und wurde nach bestandener Dienstprüfung einem Wachzimmer im Wiener Bezirk Ottakring zugeteilt.

Wie ein Blitz traf mich die Erkenntnis, dass zwischen der in der Schule gedrillten Theorie und der praxisnahen Arbeit im Bezirk ein gewaltiger Unterschied bestand – ein großes Glück für mich. Der täglich geforderte persönliche Einsatz entsprach ganz und gar meinem Geschmack und förderte meine ureigensten Fähigkeiten. Ich arbeitete wie ein Tier und hatte mir binnen kurzer Zeit ein fachliches Grundwissen angeeignet.

Doch nach einem Jahr begann mir die Tätigkeit langweilig zu werden. Dafür wurde mein lebenslang gehegter Wunsch immer größer: einen Schäferhund zu besitzen.

Was lag also näher, als zur Diensthundeabteilung überzuwechseln?

Von der Hundestaffel gelangte ich in die Abteilung, von der das erste Kapitel handelt.

Dienst bei der Flughafen-Antiterroreinheit

Dienstantritt

Die relativ jungen, jedoch ziemlich versoffenen Kollegen trafen langsam an ihrem Arbeitsplatz, dem Flughafen Wien-Schwechat, ein. Mit „relativ jung“ meine ich ein Durchschnittsalter von 25 Jahren. Nicht zum ersten Mal kamen wir auf direktem Weg von einer feuchtfröhlichen Party in den Dienst. Was bei anderen Vorgesetzten strengstens untersagt ist, lässt unser Chef recht locker durchgehen.

Je näher wir dem Zimmer des Chefs kommen, desto eiliger hat es jeder Einzelne von uns. Wenn man als einer der Ersten im Amtszimmer ist, hat man gute Chancen, den Dienstablauf nach eigenen Wünschen mitgestalten zu können und unangenehme Dienste den später Eintreffenden zu überlassen.

Der beste Job bei der Flughafen-Antiterroreinheit war die Streife „Kranich/8“. Natürlich abgesehen von den ständigen Übungen mit unserer Spezialausrüstung. Mit dem gepanzerten Fahrzeug *Pandur* über das Flughafengelände zu jagen, in der Annahme eines Terrorangriffs auf ein Flugzeug, war für uns junge Burschen schon eine nette Sache.

Neben Flugzeugerstürmungen, Schießübungen und Nahkampftraining gab es allerdings noch den alltäglichen Dienst. Das Flughafengelände erstreckt sich von Fischamend über die Ortsgrenze Klein Neusiedl bis Schwadorf entlang der Bundesstraße 10, querfeldein und Richtung Flughafen retour. Innerhalb dieses eingezäunten Geländes verlief ein asphaltierter Weg, der zum Streifenbereich des erwähnten K/8 gehörte.

Die große Beliebtheit dieses Postens lag darin, dass man nicht kontrolliert werden konnte – also Rücklehne in halbe Liegeposition gebracht und es sich bequem gemacht! Solange man seinen Blick, sprich das Hauptaugenmerk auf eventuell vorbeikommende illegale Personen richtete, die das Flugfeld betreten hätten können, war ja alles o.k. – gesetzt den Fall, man war dabei nüchtern. Aber mit jeder verrinnenden Minute änderte sich der Blickwinkel und man sah alles nicht mehr so eng. Besonders nach einer durchzechten Nacht verlockte dieser Dienst direkt dazu, ein Auge zuzudrücken.

An diesem Tag hatte ich die ehren- und sinnvolle Aufgabe, den Streifendienst als „Kranich/8" zu versehen. Mein Funkwagenpartner Franz, ein etwas einfältiger Typ, war Beifahrer.

Wir beide hatten die ganze Nacht gemeinsam durchzecht. Kein Wunder also, dass Franz und ich sehr müde waren. Sobald wir außerhalb der Sichtweite unseres Stützpunktes waren, parkte ich den Funkwagen hinter dem Radarturm und ließ mich vom Lärm der landenden Flugzeuge einlullen. So verging vielleicht eine Stunde. Da wurde ich aus irgendeinem Grund aus dem Tiefschlaf gerissen.

Glaubte ich mich zuerst noch in einem Traum zu befinden, wurde ich durch den Anblick meines am Beifahrersitz hängenden Kollegen recht schnell munter. Sein Mund stand weit offen. Erst jetzt bemerkte ich das laute

Schnarchen. Seine geschlossenen Augenlider zuckten. Daran waren wohl die vom Alkohol gepeinigten Nerven schuld. Aus seinem stinkenden Mund rann, wie das in einer solchen Schlafposition nur allzu oft geschieht, Speichel und suchte sich einen Weg über das Doppelkinn in Richtung Hemdkragen. Dort übernahm das Diensthemd die Aufgabe eines Sammeldepots. Vom Hemdkragen bis zu den Brusttaschen, in welchen sich dienstliche Zettel befanden, wies das Hemd beachtliche Sabberspuren auf.

Und dann – ein zufälliger Blick aus dem Wagenfenster ...

Man stelle sich folgendes Bild vor: Da wacht man gerade erst auf – der Kreislauf spielt noch nicht richtig mit –, die Augen sind halb geschlossen, die Fenster des Funkstreifenwagens aufgrund der Hitze geöffnet und ich blinzle durch die Windschutzscheibe – da erkenne ich einen Flughafenbus für Besucher, der in etwa zehn Meter Entfernung parkt: leer. Die Leute stehen nämlich um unseren Funkwagen herum und fotografieren eifrig meinen „vom Dienst" schwer gezeichneten Kollegen Franz und mich. Japaner oder Chinesen sind es dem Aussehen nach, die in ihren österreichischen Trachtengewändern herzlich lachen und auf uns zeigen. Ein stets gut gelauntes Volk, das Österreich liebt und trotz ständiger Skandale immer wieder kommt.

Ich glaube, ich wurde gehörig rot, schloss möglichst unauffällig meine Augendeckel wieder und gab vor, nichts mitzukriegen.

Dieses ganze Szenario schien mir eine Ewigkeit zu dauern. Das Schläfchen fortzusetzen hatte sich natürlich erübrigt. Ich weckte Franz, erzählte ihm jedoch nichts von diesem Zwischenfall. Es hätte keinen Sinn gehabt.

Ein paar Stunden später konnte ich selbst schon über diesen peinlichen Vorfall lachen.

So viel zum „Aushängeschild für Österreich“, das unser Chef so gerne in uns sah.

Um die verbleibenden zwei Stunden halbwegs sinnvoll zu nützen, stellte ich den Funkwagen samt Franz ins Parkhaus und bewegte mich in Richtung Abflughalle. Dort hielt ich Ausschau nach weiblichem Bodenpersonal der verschiedenen Fluglinien. An dem größtenteils blonden Bodenpersonal gab es wahrlich nichts auszusetzen. Das leichteste Spiel hatte ich bei den Lauda-Air-Mädels. Ein Kaugummi und ein Spritzer der Eau-de-Toilette-Probe, die ich zuvor im Dutyfreeshop erbettelt hatte, das Sturmgewehr (Stg 77) in Jägermanier am Rücken baumelnd – schon hatte ich gewonnen …

Ich schaffte meinen Kontrollgang nicht einmal bis zur Abflughalle. Bereits bei der Greko (Grenzkontrolle) wurde ich zur Einkehr in die Räumlichkeiten der Kriminalbeamten „gezwungen“. Dort flößte man mir Wodka ein, sodass ich nach einer guten halben Stunde nicht mehr wusste, wo der Funkwagen samt Franz abgestellt war. Darüber machte ich mir jedoch keine Sorgen, denn schließlich hatte ich die Wagenschlüssel stecken lassen. Und die Möglichkeit, dass jemand in den mit Franz besetzten Funkwagen greifen würde, konnte ich guten Gewissens ausschließen. Der Geruch, den mein Kollege im Schlaf verbreitete, hätte jeden hartgesottenen Sandler verschreckt.

Diese Vorstellung beruhigte mich einigermaßen und so nahm ich anstandshalber noch einen Drink mit meinen Freunden aus der Kriminalabteilung. Und da Wodka bekanntlich geruchlos ist, sollte sein Genuss mir kein Problem machen.

Ich hatte noch eine gute Stunde Außendienst zu versehen. Mit mittelschwerem Zungenschlag verabschiedete ich mich und ging zielstrebig in Richtung Abflughalle. Die ähnelte mir in gewisser Weise: Sie war genauso voll. Alles, nur bitte kein Terroranschlag, ging es mir durch den Kopf, sonst bleibt mir als Waffe gegen die Terroristen nur meine Alkoholfahne …

Ich erschrak kurz, als ich mich im stark reflektierenden Glas des Lufthansa-Schalters wiedererkannte. Egal, ich fühlte mich mittlerweile ziemlich enthemmt. Jede mir begegnende Groundhostess versuchte ich mit einem halbwegs nüchtern klingenden „Guten Morgen" zu begrüßen, was mir erstaunlicherweise auch gelang.

Eine sich ständig wie eine läufige Hündin gebärdende Angestellte der Reinigungsfirma MARISCHKA wollte auf der Stelle mit mir reden. Guter Vorwand für ihr eigentliches Vorhaben … Aber bei mir kam sie damit nicht durch, ich gab mich völlig gestresst. Was mich an ihr besonders störte: Sie roch aufdringlich nach Putzmitteln. Und außerdem: Ich und eine Putzfrau! Wo sollte das denn hinführen!

Da in der Abflughalle alle Groundhostessen beschäftigt waren, ging ich zum Lauda-Air-Schalter „Lost and found". Der befindet sich im Ankunftsbereich und eignet sich ideal zum „Anbraten" des Personals. Der Lost-and-found-Counter war mit drei weiblichen Wesen besetzt, was jedoch nicht im Geringsten störte, weder mich noch die Mädels.

Mit einem gewissen Alkoholspiegel im Blut „kann man(n)" bekanntlich länger oder gar nicht. Im speziellen Fall war es zur Freude der Betroffenen bei mir genau an der Grenze. Die knallrote Lauda-Air-Uniform reizte mich wie einen wilden Stier in der Arena. Renate, die Auserwählte im aggressiv wirkenden Rot und mit hochhackigen Pumps, lenkte mich in einen nicht gänzlich abgetrennten Nebenraum des Offices und schob sich, ohne auf meine Initiative zu warten, langsam ihren Rock über das Becken hoch, setzte sich auf den Arbeitsplatz knapp neben den Computer und stützte ihre Beine an der Tischkante ab. Gleichzeitig zog sie mich an meinem Ledergürtel, an welchem meine 18-schüssige 9-mm-Dienstpistole samt doppeltem Sturmgewehr-Reservemagazin hing, zu sich. Geschickt öffnete sie die Gürtelschnalle, sodass die gesamte Ausrüstung mit lautem Knall auf den Fliesenboden krachte. Mein Gewehr legte Renate sicherheitshalber ein Stück zur Seite. Die Kombination von Uniform, verbotenem Spiel und der „Chemie", die zwischen uns einfach stimmte, ließ Renate und mich völlig auf unsere Umwelt vergessen und machte die folgende Stunde zu einem grandiosen Erlebnis. Renates Kolleginnen, die weiterhin den Dienst versahen, folgten dem Geschehen mehr oder weniger belustigt. Sie liefen wie ferngesteuert zwischen der Raumtrennung und dem eigentlichen Schalter hin und her und bemühten sich zwischendurch die Kunden zu betreuen.

Als ich aus meinem Fieberzustand erwachte und gehen wollte, bemerkte ich, dass ich meinen Außendienst bereits um eine Stunde überzogen hatte. Ohne Funkgerät konnte mich niemand erreichen. Was war aus Franz und dem Funkwagen geworden? Panik überfiel mich, als ich gewahr wurde, dass mir mein Sturmgewehr abhanden gekommen war. Im Eiltempo ging es zurück zur Greko. Dort empfing man mich herzlich und lachte über mein verstörtes Gesicht und meine völlig zerraufte Frisur. Zu meinem großen Schrecken war mein Gewehr hier nirgendwo zu finden, also eilte ich zurück zu Renate. Mein

Sturmgewehr lag immer noch dort, wo sie es abgelegt hatte …

Ich griff mit zittrigen Händen zum Telefonhörer und rief in meiner Abteilung an.

„Kein Problem, der Franz ist pünktlich zur Ablöse hier gewesen."

Beruhigt spazierte ich zu unserem Stützpunkt.

Hier sollte ich besser nicht alt werden, dachte ich. Eine Zeit lang ist es sehr gemütlich. Aber wo sollte diese Einstellung zum Dienst hinführen? Vielleicht war es besser, wieder zur Diensthunde-Abteilung zurückzukehren. Nur: was sollte dann aus meinem Schäferrüden Bingo werden?

O Tannenbaum ...

Am 24. Dezember begann mein Dienst um 6 Uhr Früh. Was mir sauer aufstieß, war der Umstand, dass man mir die Nachtschicht auch noch aufbrummte. Das Tröstliche daran war jedoch, dass ich nicht allein Dienst machen musste, und die Meldungen der Kollegen, die es ebenfalls erwischt hatte, ließen auf eine viel versprechende Nacht schließen.

Der Tag verging sehr ruhig und angenehm. Es schneite leicht und so leisteten wir uns das Vergnügen, Schleuderübungen mit unseren Funkwagen am asphaltierten Vorplatz des AUA-Hangars zu machen. Um diese Aktion noch lustiger zu gestalten, wurden Wetten abgeschlossen. „Wer sich mit dem Wagen viermal um die eigene Achse drehen kann, hat gewonnen!“ Aufgeheizt wurde die Stimmung durch in mehreren Thermoskannen mitgeführten Jagatees.

Nach einigen Fehlversuchen entschieden wir uns für die „lange Anlaufbahn“. Doch dazu musste erst die Rollbahn überquert werden, was uns ohne ausdrückliche Genehmigung strengstens verboten war. Wir zerstreuten alle Bedenken, denn was sollte am Heiligen Abend viel passieren, schließlich starteten und landeten keine Flieger. Aber auf den Einsatzwagen des Flughafenbetriebsleiters musste man ein wachsames Auge haben.

Irgendwann gaben wir auf; keinem von uns war es gelungen, sich mit dem Funkwagen viermal um die eigene Achse zu drehen. Stattdessen konnte das „EKO1“ (Einsatzkommando 1) einen zweifelhaften Erfolg verbuchen: Die Hinterreifen des Wagens hatten sich bei einem der zahlreichen Versuche von der Felge gelöst. Aber das störte uns nicht sonderlich. Dank der Schneeverhältnisse war es für die Felge nicht so schlimm, ihren Dienst ohne Gummi weiter zu verrichten.

In der mittlerweile hereingebrochenen Dunkelheit sah der Funkenregen toll aus, der zwischen Auto und Asphalt sprühte. Richtig weihnachtlich.

Wir rückten zur Bescherung zeitgerecht ein und setzten uns zur Nachbesprechung unseres Schleuderkurses in die abteilungseigene Sauna. Anschließend bauten wir beim „Wachhabenden“, das war der so genannte Türschnapper unseres Stützpunktes, ein kleines Buffet mit Brötchen und Sekt auf. Einen Tannenbaum, den wir in unserem Übermut vor dem Stützpunkt anzündeten, ließen wir glosend als Zeichen unserer Weihnachtsfeier auf der Straße liegen.

So weit, so gut. Gegen 20.00 Uhr ging der erste Kollege kotzen. Er schaffte es genau bis zum erwähnten Tannenbaumskelett. Das Feuer war mittlerweile erloschen, aber aus dem kümmerlichen Rest des Baumes stieg jetzt erneut Dampf auf – vom warmen Auswurf des Kollegen …

Trotz des kleinen „Betriebsunfalls“ herrschte eine angenehme Weihnachtsstimmung und wir ließen von unserem Vorhaben, uns richtig zu „vernichten“, nicht ab.

An die nächsten Stunden kann ich mich nicht mehr erinnern, da ich zu dieser Zeit bereits „einige Aussetzer“ zu verzeichnen hatte.

Schließlich neigte sich die Nacht dem Ende zu. Den eintreffenden Kollegen der neuen Tagdienstgruppe sahen wir mit glasigen Augen entgegen. Einziger Kommentar der Kollegen: „Na, war's lustig?“

Bevor es schlimmer weitergeht ...

Durch meine langjährige Polizistentätigkeit und meine angeborene Neigung zum Adrenalinjunkie war ich immer an vorderster Front des Geschehens zu finden.

Den Leser wird das Geschriebene vielleicht schockieren; das mag daran liegen, dass im Normalfall keine Detailinformationen an die Öffentlichkeit dringen. Auf der ganzen Welt passieren ähnliche Dinge; warum nicht auch in Österreich?

Ich liebe mein Land und werde auch immer hinter ihm stehen.

Unser Polizeiapparat ist eine korrekt funktionierende Institution – mit einigen kleinen Abweichungen. Diese ergeben sich ganz einfach aus der Quantität und der fachlichen Qualität der Beamten.

Nichts liegt mir ferner, als dem geschätzten Leser den Glauben an die Exekutive zu rauben. So soll es nicht sein. Ich versuche bloß Fakten aufzuzeigen, die überall vorkommen, eben auch in Österreich.

Trotzdem ist unser Land immer noch eine Insel der Seligen.

Aus der Uniform in den Untergrund

Ausbildung zum Undercover-Fahnder

Der Flughafendienst ödete mich immer mehr an. Schön langsam verblödete ich beim Kartenspielen, beim ewigen Saufen und Funkwagendemolieren und ich wollte endlich aus dieser übel riechenden Nylonuniform raus. Die „Kranich"-Uniform entwickelte nach mehreren Stunden aufgrund ihrer geringen Atmungsaktivität einen eigentümlichen Geruch, mit dem sich mein feines Riechorgan nie anfreunden konnte.

Ich wollte mich beruflich verändern und mich der eigentlichen Verbrechensbekämpfung widmen. Ich traf einen Kollegen, der schon jahrelang bei der EBS* Gruppenführer war, und sprach ihn auf die Tätigkeit bei der EBS an. Vielleicht sollten ja in absehbarer Zeit neue Leute aufgenommen werden.

Wenige Tage später hatte ich alle Unterlagen für einen Kurs bei dieser Sondereinheit auf dem Tisch. Also setzte ich mich unverzüglich hin und verfasste ein Ansuchen an das Bundesministerium für Inneres um Dienstzuteilung und Aufnahme in den Kurs bei der EBS.

* Einsatzgruppe zur Bekämpfung von Suchtgift, eine Sondereiheit im Innenministerium

Gerade noch rechtzeitig vor meinem Urlaub in Sri Lanka hatte ich alle Formalitäten erledigt.
Auch der schönste Urlaub geht einmal zu Ende und so stand ich nach der Landung – diesmal ausnahmsweise als Tourist – in der Ankunftshalle des Flughafens Wien-Schwechat. Ein „Kranich"-Kollege begrüßte mich überfreundlich.

„Servas, Giftla*, jetzt schleichst du dich auch von uns?!"

„Woher weißt du das?", fragte ich ganz überrascht.

Nun schien es offiziell zu sein: Ich war für den EBS-Kurs nominiert! Mit einem Schlag war mein Ankunftsfrust wie weggeblasen und meine bevorstehende neue dienstliche Aufgabe erweckte in mir unglaubliche Energien. Diese sollten sich für meine weitere Tätigkeit als unbedingt notwendig erweisen. Vor mir lag eine großartige Polizeikarriere!

Auf der Flughafenautobahn versuchte ich meiner damaligen Lebensgefährtin, Gabriela, meine Gedanken über die Zukunft zu veranschaulichen, was mir aber nicht so recht gelang. Sie kannte mich nur zu gut und wusste, dass ich nicht mehr zu bremsen war, wenn ich mich erst einmal für etwas begeistert hatte.

Zwei Wochen später meldete ich mich im Bundesamtsgebäude zum Vorstellungsgespräch bei der Sondereinheit des Innenministeriums, welche sich hinter der nüchternen Bezeichnung *Abteilung II/8* versteckt. Wir waren 60 Bewerber und wurden einer nach dem anderen vor einen dreiköpfigen Senat zitiert.

* interner Polizeijargon für Undercoverbeamter

Mir machte ein böses Darmvirus, das ich aus Sri Lanka als Souvenir mitgebracht hatte, gehörig zu schaffen. Das 20-minütige Gespräch mit Offizieren und rechtskundigen Beamten erschien mir daher wie eine Ewigkeit.

„Also, Herr Revierinspektor, warum wollen Sie denn unbedingt in unsere Abteilung wechseln? Sie wissen, dass das kein leichter Job ist, und das Familienleben können Sie so gut wie vergessen."

„Ja, mir ist das alles bewusst. Ich kenne mich ein bisschen aus mit dem Dienst bei der EBS und außerdem sind Sie, Herr Oberstleutnant, der Einzige, der mich davon abhalten kann, diesen Job zu machen", versuchte ich in einem Scherz meinen unbändigen Wunsch auszudrücken, bei dieser Sonderabteilung Dienst zu versehen.

„Sie wissen auch, dass dieser Job eine Gratwanderung ist und Sie mit einem Bein im ‚Häfn'* stehen! Sind Sie sich dessen bewusst?"

„Entschuldigen Sie mich bitte kurz, mein Darmvirus meldet sich gerade vehement!", rief ich und verließ fluchtartig den Raum. Auf der Toilette dämmerte mir, dass es mit dem Traumjob wahrscheinlich aus und vorbei war und mich der Dienst am Flughafen bald wiederhatte. Andererseits – was konnte ich dafür, dass sich mein Darm zur ungünstigsten Zeit verknotete!

Drei Wochen später erhielt ich die Anweisung, mich zum Kurs im Ausbildungscamp der Sondereinheit einzufinden. Das Camp lag im tiefsten Oberösterreich.

Zur Feier dieser Frohbotschaft lud ich meine Freunde von der Antiterroreinheit des Flughafens zu einem Großbesäufnis in die diensteigenen Unterkünfte ein. Die

* Gefängnis

Kollegen vom Flughafen waren ganz unterschiedlicher Meinung, was meine zukünftige Karriere betraf. Einer war schwer begeistert von meinem Vorhaben, ein anderer riet mir entschieden davon ab. „Als Undercover begibst du dich ständig auf eine Gratwanderung zwischen Legalität und Illegalität", meinte er. „Du bist auf Gedeih und Verderb auf die Unterstützung deiner Vorgesetzten angewiesen. Wenn sie dich fallen lassen, fällst du tief", warnte er mich. Ich tat seine Bedenken mit einem Achselzucken ab. Mochte er auch Recht haben, im Augenblick interessierte mich seine Schwarzmalerei nicht.

Andere Kollegen, die mich nur allzu gut kannten, schwiegen. Ihnen war mein Grundsatz mittlerweile sehr vertraut: Wenn ich mir etwas in den Kopf setze, ziehe ich es auch durch. Komme, was da kommen mag!

Der Kurs begann im Herbst und ich stellte mich voll Begeisterung der neuen Herausforderung. Innerhalb kurzer Zeit erkannte ich die verschiedenen Suchtgiftarten bereits im Schlaf. Die neuen Ausbildungsinhalte wie Observieren, Verhalten in gefährlichen Situationen, perfektes Schießen und waffenlose Selbstverteidigung waren zwar anstrengend, aber auch hochinteressant.

Das Ausleseverfahren ging auch während des Kurses weiter. Der Großteil der Teilnehmer musste sich verabschieden und zur alten Einheit zurückkehren. Man konnte mein Aufatmen in ganz Oberösterreich hören, als ich erfuhr, dass man mich in die Einsatzgruppe zur Bekämpfung von Suchtgift fix aufgenommen hatte.

Der Kurs selbst gab mir bereits einen kleinen Vorgeschmack auf meine künftige Tätigkeit bei der EBS und ließ meine Begeisterung von Tag zu Tag anwachsen. Ich konnte es nicht mehr erwarten, endlich einer Undercover-Einheit irgendwo in Österreich zugeteilt zu werden.

Am letzten Kurstag kam der Gruppenführer der Grazer Einheit auf mich zu und wollte mich für Graz rekrutieren. Dass es so schnell gehen würde, hatte ich nicht gedacht und so erbat ich mir etwas Zeit, um mir die Sache in aller Ruhe durch den Kopf gehen zu lassen. Immerhin wartete Gabriela in Wien auf mich und sie würde sicher keine Freude damit haben, wenn ich in Graz Dienst versah.

Ich sollte mit meiner Vermutung Recht behalten. Gabriela machte mir daheim heftige Vorwürfe, als ich ihr von meinem Vorhaben erzählte. Wie aus diesem Zwiespalt herausfinden? Einerseits konnte eine Absage für Graz das Ende meiner Karriere bei der EBS sein, die noch nicht einmal richtig begonnen hatte; ging ich jedoch dorthin, würde dies das Ende meiner privaten Beziehung bedeuten. Ich pokerte hoch und erklärte dem Chef der Grazer Einheit meine privaten Bedenken. Glücklicherweise verstand er mein Dilemma und drang nicht weiter in mich.

Letztlich gewann ich das Spiel doch noch, da ich einige Tage später die Einberufung zur Wiener Gruppe erhielt. Da ich damals noch kinderlos und schon lange geschieden war, konnte ich diesen Tag mit ruhigem Gewissen als einen der glücklichsten in meinem Leben bezeichnen.

Mit 1. November erhielt ich die Zuteilung zum Innenministerium und trat um 8.00 Uhr morgens meinen Dienst an. Damit begann einer der turbulentesten Abschnitte meines Lebens.

Marcella

Ich frühstückte mit der Riege der verdeckten Suchtgiftfahnder. Unsere konspirative Wohnung war als Immobilienfirma getarnt.

Es war zehn Uhr morgens, als das Telefon läutete und ich vom Sicherheitsbüro (SB) verlangt wurde. Wir arbeiteten immer mit derselben Gruppe vom SB zusammen, sodass je nach Lage des Falles und der bevorstehenden Operation das Sicherheitsbüro einen geeigneten Fahnder aussuchte. Ich hatte schon mehrere Einsätze als Undercover-Agent hinter mir. Ich war in kleine Suchtgiftringe eingeschleust worden, um diese zu sprengen. Diesmal ging es um Kokainhandel im Rotlichtmilieu. Die Kriminalbeamten hatten mich ausgewählt, den Fall zu übernehmen, weil sie mich aufgrund meines Auftretens und Aussehens am besten dafür geeignet hielten. Endlich ein großer Coup für mich!

Ich begab mich also mit meinem Dienstfahrzeug, einem neuen aufgemotzten 5er BMW, zum Sicherheitsbüro.

Dort erwarteten mich schon schmunzelnde, neugierige Kollegen, mit denen ich bisher noch nicht zusammengearbeitet hatte. Sie weihten mich in die Lage ein:

Es ging um einen Zuhälter vom Wiener Gürtel, der zu viel Kokain eingekauft hatte und auf seiner Ware sitzen geblieben war. Eine seiner Dirnen, Marcella, hatte in letzter Zeit sehr viel Prügel von ihm einstecken müssen. Sie hatte die Nase gestrichen voll und wollte ihm eine Lektion erteilen. Nun hielt sie sich im Nebenraum auf und harrte der Dinge, die da kommen sollten. Sie machte auf mich nicht den Eindruck, als würde sie sich allzu wohl in ihrer Haut fühlen, aber jetzt war sie schon einmal da und konnte nicht mehr zurück – zumal wir unser Bestes taten, um sie mit Versprechungen von einem neuen, sorgenfreien Leben und unserem Zeugenschutzprogramm (neue Identität, viel Geld, neuer Pass, Palmen, …) auf unsere Seite zu ziehen.

Dieses Unterfangen war angesichts Marcellas körperlicher Verfassung nicht schwer. Man sah ihr deutlich den häufigen Rauschgiftkonsum und die sechs Jahre harter Arbeit am Strich an. Im Grunde war sie eine ansehnliche Person mit langen dunklen Haaren und großen blauen Augen. Wenn nicht das Gift gewesen wäre, das ihre Gesichtszüge schwer verhärmt erscheinen ließ ...

Wir einigten uns auf folgende Strategie: Marcella sollte mich von der Straße ins Lokal mitnehmen und mit mir in ein Separee gehen.

Kurz, klar und bündig. Alles Weitere musste ich dem Augenblick überlassen und geschickt improvisieren. Da es sich um einen Einzeltäter ohne dahinter stehende Organisation handelte, wollten die Kriminalbeamten nicht allzu viel Mühe in den Fall investieren. Sollte sich nach ein paar Tagen der erwünschte Erfolg nicht einstellen bzw. das zur Verfügung stehende Budget überschritten sein, wäre die Aktion als gescheitert anzusehen.

Ich bekam Spesengeld für diesen Einsatz und wurde auf die Reise geschickt. Mit Marcella war das so eine Sache. Sie konnte ihren Beruf nicht verleugnen. Ich versuchte ein Vertrauensverhältnis zu ihr aufzubauen und ging mit ihr in ein typisches Huren- und Strizzilokal.

Natürlich musste ich mein Outfit der Situation anpassen. Zu diesem Zweck besorgte ich mir von einem Bekannten, der mit Gold handelte, eine schwere Halskette um 60.000 Schilling (4.360 Euro).

Nach drei Treffs mit Marcella war es dann so weit. Ich war behängt wie ein Christbaum und hielt mit meinem dicken BMW in Zuhältermanier provokant auf dem Gehsteig vor dem Lokal. Von Vorteil für den Einsatz war, dass Marcella in der Zwischenzeit wieder Hiebe kassiert hatte.

Die Zusammenarbeit mit einer Dirne verlangte viel überzeugende Selbstdarstellung. Im „Undercover"-Kurs hatten wir so etwas nicht gelernt, es galt also, Eigeninitiative zu ergreifen. Mit ein bisschen Idealismus und schauspielerischem Geschick sollte dies für mich kein Problem sein. Im kritischen Moment steigt der Adrenalinspiegel gehörig und verleiht einem nach außen hin die erwünschte Ausstrahlung.

Da steht sie nun in ihrem Pelzmantel, das linke Auge dick mit Make-up bedeckt, und zittert vor Nervosität und Angst. Zielstrebig gehe ich auf sie zu und wechsle ein paar Worte, so wie sich das eben für einen Freier gehört. Dann gehen wir in die Bar und setzen uns in eine schmuddelige Ledergarnitur.

Die Barfrau grinst blöd und kommt mit einer Getränkekarte zu uns. Noch bevor sie mir die Karte geben kann, winke ich mit einer gebieterischen Handbewegung ab und bestelle in lautem Ton eine große „Sparkling" – auf Kosten des Innenministeriums.

An der Bar lehnt ein Mann mittleren Alters, selbstsicher und ständig die Umgebung beobachtend. Das muss Wickerl, der Inhaber und Marcellas Zuhälter, sein! Ich gebe mir den Anschein, als würde ich keine Notiz von ihm nehmen, und unterhalte mich mit Marcella. Ich habe einige Mühe, sie ruhig zu halten, zumal sie alle zehn Minuten auf die Toilette geht, um sich die Nase zu pudern.

Nach der zweiten Flasche Sparkling und einigen doppelten Wodkas wird sie etwas lockerer. Hier hilft mir meine Trinkfestigkeit, die ich mir während meiner Flughafendienstzeit erworben habe. Jetzt kann ich Marcella kurz allein lassen und ebenfalls einen Toilettenbesuch vornehmen.

Beim Hinausgehen muss ich an der Bar vorbei, an der Wickerl steht. Ich sehe ihm kurz ins Gesicht – solariumgebräunt und aufgedunsen von Koks und Alkohol. Als ich wieder zurückkomme, greife ich mir auf die Nase und setze ein so genanntes „Kokserlächeln" auf.

Marcella sitzt noch immer wie angeklebt auf ihrem Platz. Ich bleibe an der Bar neben Wickerl stehen und bezahle mit einem zusammengerollten Tausenderbündel. Natürlich gebe ich ein mehr als großzügiges Trinkgeld. Ich nicke Marcella kurz zu und gebe ihr mit einem Wink zu verstehen, dass ich jetzt mit ihr aufs Zimmer gehen will.

Bis jetzt scheint alles recht gut zu laufen. Mir macht es ungeheuren Spaß, einen großspurigen Freier zu spielen.

Im Zimmer angelangt trinken wir noch Wodka. Wir müssen davon ausgehen, dass uns Wickerl durch ein Loch in der Wand beobachtet, wie dies in manchen Separees üblich ist.

Nachdem Marcella sich entkleidet hat, verlässt mich doch der Mut und dazu auch jedes Quäntchen Lust. Mir bietet sich kein besonders einladender Anblick. Ihre Armbeugen weisen zahlreiche Einstiche auf. Die noch immer ziemlich wohl geformten Beine sind übersät von blauen Flecken. Glücklicherweise muss ich mich auf meine eigentliche Arbeit konzentrieren und darf jetzt nichts riskieren. Also spiele ich einen besoffenen Liebhaber, der vor dem Grand Finale einschläft.

Nach einer Stunde lasse ich Marcella im Zimmer zurück und geselle mich zu Wickerl, der immer noch an der Bar steht. Aus den Augenwinkeln heraus merke ich, wie er mich mustert. Dank meinem nicht gerade niedrigen Alkoholspiegel bleibe ich jedoch locker und verabschiede mich wie ein geübter Freier.

Um keinen Argwohn aufkommen zu lassen, lasse ich erst einmal drei Tage verstreichen, bevor ich wieder zu Marcella fahre. Das gleiche Spielchen beginnt. Dieses Mal gehe ich öfter zur Toilette und gebe mich nach zwei Stunden „voll zu". In 10-Minuten-Abständen springe ich von der Ledergarnitur auf und bestelle Wodka. Die Barfrau kommt gar nicht bis zu unserem Tisch. Ich nehme ihr die ganze Arbeit ab. Es soll nicht der leiseste Verdacht entstehen, dass hier eine Undercover-Aktion läuft.

Es dauert nicht lange, da komme ich mit Wickerl ins Gespräch, wobei er derjenige ist, der mich anspricht. Ein Gefühl des Triumphs steigt in mir hoch: Es läuft besser, als ich es für möglich gehalten habe!

Meine Zeche beträgt 2500 Schilling (ca. 180 Euro). Ich ziehe meine Jacke an und schleudere lässig drei Tausender auf die Bar, drehe mich wortlos um und wanke aus dem Lokal.

Im Büro verfasste ich einen detaillierten Bericht über die bisherigen Geschehnisse. Die Vorgesetzten im Innenministerium sollten schließlich auch wissen, wo das Steuergeld blieb! Diesmal ließ ich vier Tage vergehen, bevor ich Marcella und Wickerl meinen nächsten Besuch abstattete.

Es ist Mitternacht, als ich im Lokal eintreffe. Marcella kann ich nirgendwo entdecken. Wickerl steht wie üblich an der Bar und empfängt mich überschwänglich.

„Marcella hat gerade einen Stammkunden", flüstert er mir ins Ohr. Ich solle nicht böse sein und in der Zwischenzeit auf seine Rechnung etwas trinken. Ich gebe Wickerl zu verstehen, dass mir heute nichts an Marcella liegt, das Lokal habe es mir angetan mit seiner relaxten Atmosphäre.

Soll Wickerl meine Worte ruhig für eine Ausrede halten! Es gehört zu meinem Plan.

Jetzt lade ich im Gegenzug Wickerl auf ein Getränk ein. Ich weiß ja offiziell nicht, dass er der Chef dieses Etablissements ist. Nach einigen Gläsern erklärt er mir, dass er sich als Besitzer nicht mehr von mir einladen lasse. Jetzt sei er an der Reihe.

Er rutscht näher an mich heran und flüstert mir zu: „Na, Erfrischung gefällig?"

Ich stelle mich dumm: „Ich hab noch Wodka, danke."

*Wickerl: „Na geh, waßt eh, wos i man."**

Ich tue ganz überrascht und erfreut und nicke nur. Da steckt er mir dezent ein dick gefülltes „Briefchen" in die Brusttasche meines Hemds. Auf der Toilette begutachte ich den Inhalt. Reines Kokain! Ich stecke meinen Finger in die weiße körnige Substanz und tupfe mir Kokain auf die Nase. So geschminkt kehre ich zu Wickerl zurück, der lauthals zu lachen beginnt. Mit einer raschen Handbewegung wischt er die verdächtigen Spuren von meiner Nasenspitze.

„Ausgezeichnet", sage ich. „Wo bekommt man heutzutage so gutes Material her?"

„Na, bei mir", antwortet Wickerl leise und seine Stimme verrät seine Erregung. Vielleicht kann er endlich seine heiße

* „Du weißt, was ich meine."

Ware losschlagen! Was aber, falls ich doch nicht der bin, als der ich mich ausgebe? Vorsicht ist also geboten. Endlich habe ich die Bestätigung, dass Marcellas Aussage stimmt: Wickerl sitzt auf einer großen Menge Kokain.

Geschickt lenke ich vom Thema ab und frage Wickerl, ob er mir vielleicht drei oder vier Mädchen vermitteln könne, die ich zum Aufbau eines Escort-Services benötigen würde. Er grinst. Ob ich Marcella schon diesbezüglich angesprochen habe, will er wissen. Ich verneine. Marcella sei zwar für die „Straße" geeignet, jedoch nicht für ein exklusives Escort-Service, wie es mir vorschwebe. Er gibt mir Recht. Den gehobenen Ansprüchen würde sie wahrlich nicht entsprechen.

Insgeheim muss ich über meine Verstellungskünste schmunzeln. Soll Wickerl doch glauben, mir sei es ernst mit dem Service! Doch wie ich die Situation einschätze, brauche ich nicht zu fürchten, schon bald einige Topgirls vermittelt zu bekommen. Wie die meisten Bordellbesitzer leidet auch Wickerl unter akutem Mädchenmangel. Und sollte ich mit meiner Annahme doch falsch liegen, würde im schlimmsten Fall die ganze Aktion platzen. Keine weiteren verdeckten Ermittlungen, keine Amtshandlung. Denn durch einen Rückzieher würde ich meine Glaubwürdigkeit verlieren. Also heißt es jetzt, alles auf eine Karte setzen! Entweder er nimmt mir meine Geschichte ab oder nicht.

Wickerl tut, als würde er nachdenken, um sich mir gegenüber keine Blöße zu geben. Plötzlich fragt er mich nach meinem Beruf. Jetzt kommt der eigentliche Schlüsselpunkt unserer Verhandlungen.

„Is des so wichtig?", weiche ich aus, um dann nachzusetzen: „Naa, Spaß, mein Vater hat einen kleinen Autohandel und ich hole manchmal beschädigte Pkws aus dem Ausland nach Österreich. Hier richten wir sie her und verkaufen sie anschließend wieder."

„Also du holst gestohlene Autos herüber, schleifst die Motornummer raus, gibst dem Auto eine andere Fahrgestellnummer und verkaufst sie?", meint Wickerl und grinst viel sagend. Gleichzeitig hält er durch das Fenster nach meinem Auto Ausschau.

Ich gebe ihm zu verstehen, dass die Jugos sowieso alles, was groß und relativ billig ist, kaufen würden.

Jetzt muss ich noch Wickerls letzten „Test" bestehen – ehrlich gesagt werde ich langsam, aber sicher nervös.

Der rechts neben mir sitzende, etwa 30-jährige „Möchtegernstrizzi" bekommt vom Zuhören schon richtige Elefantenohren. Als ich mich mit einem Ruck zu ihm umdrehe, lässt er seine Blicke rasch in eine andere Richtung schweifen – dilettantischer geht es schon nicht mehr!

Müde lächelnd sehe ich zu Wickerl hinüber. Keine Gefahr, signalisiert er mir mit einer Handbewegung, wir können ruhig weitersprechen.

Mit dieser Geste habe ich wieder einmal genau das erreicht, was ich will, nämlich ein Verhalten an den Tag zu legen, das bei Verbrechern häufig festzustellen ist: paranoid und vorsichtig.

Mein Herumrutschen auf dem Barhocker macht jetzt auch Wickerl unruhig. „Komm, gehen wir in mein Büro, ich möchte dir einen Typenschein zeigen."

Ich stehe auf und folge Wickerl. Dabei kann ich mir einen Blick auf die in der Ledergarnitur zusammengekauerte, zitternde Gestalt nicht verkneifen: Marcella. Kurz kommt Mitleid in mir hoch, aber angesichts meines bevorstehenden Erfolges verfliegt es sehr schnell.

Ein kurzer Gang in Richtung Separees, dann stehen wir vor einer schweren Holztür mit der Aufschrift „Büro". Wie überrascht bin ich, als wir den etwa 20 Quadratmeter großen Raum betreten! Diese stil- und geschmackvolle Einrichtung habe ich

Wickerl nicht zugetraut! Eine große hellbeige Ledergarnitur, Perserteppiche, ein Schreibtisch samt PC – neuestes Modell –, ein teurer Ledersessel. Eine alte, sehr schöne Holzvitrine fungiert als Hausbar.

„Single Malt Whisky gefällig?"

„Ja bitte!" Ich fühle mich hier eigentlich recht wohl und sicher.

Wickerl schenkt ein und wir setzen uns. Er platziert sich neben die Vitrine und öffnet eine versperrte Lade.

„Magst ein schönes Stück sehen?", fragt er mich.

Zu meinem großen Erstaunen und holt er eine verchromte 357er Magnum, einen großkalibrigen Revolver, mit Wurzelholzgriff hervor.

„Ja, die is o.k.", meine ich gelassen, öffne mit einer raschen Handbewegung die Trommel und entnehme ihr eine Patrone. Ob er damit auf Großwildjagd gehen wolle, frage ich Wickerl lachend. Bei den Patronen handelt es sich nämlich um Dumdum-Geschosse, absolut bösartige Dinger.

Er meint nur: „Sicher ist sicher. In der heutigen Zeit weiß man nie, mit wem man es zu tun hat!" Der lauernde Blick, den er mir dabei zuwirft, spricht eine deutliche Sprache. Ich pflichte ihm bei. Beim anschließenden Fachsimpeln über Waffen muss ich verdammt aufpassen. Er soll meine Polizeikenntnisse nicht heraushören.

Nach einiger Zeit steht Wickerl auf, geht zu seinem Schreibtisch hinüber und greift in eine Lade – zwischen uns liegt jetzt der Revolver auf dem Tisch. Mit einem kleinen Päckchen in seiner Hand dreht er sich wieder zu mir um. Ich halte die Luft an. Es heißt absolute Ruhe zu bewahren und keine Gemütsbewegung zu zeigen! Mein Blick fällt auf eine ganze Reihe weißer Steine! Wickerl setzt sich zu mir und öffnet mit großer Bedächtigkeit die Plastikhülle.

Was mache ich, wenn er mir eine „Line" zum Kosten auf-

legt?, denke ich sehr beunruhigt. Seine riesige 357er liegt noch immer auf dem Tisch, was keinesfalls dazu angetan ist, meine Nervosität zu verringern.

Er entnimmt einen kleinen Stein und greift zur Kanone.

In diesem Moment setzt mein Denken aus; alles läuft nur noch wie im Film vor mir ab. Hat er mich durchschaut? Wird es jetzt ernst und er richtet im nächsten Augenblick den Revolver auf mich? Fast in Zeitlupe sehe ich vor meinem geistigen Auge die Nahkampfübung für derartige Situationen. Bis auf den kleinen Unterschied, dass bei Übungen nicht scharf geschossen wird. Wickerl holt mit dem Griff des Revolvers aus und – zerklopft den Koksstein zu Staub. Dann formt er zwei überdimensionale „Straßen". Mein Herz rast, aber ich lasse mir nichts anmerken. Auf so eine Idee muss man erst einmal kommen: mit einem geladenen Revolver Koks zu zerbröseln!

Ich reagiere höchst sensibel auf Kaffee und alle Arten von Medikamenten, mit denen man einen höheren Pulsschlag erzielt. Kokain hat bekanntlich auch aufputschende Wirkung, und wäre ich zur Einnahme dieses Suchtmittels gezwungen, hätte mein Herz mehr Angst davor als vor einem Einschuss mit der 357er.

„Ist das die gleiche Ware wie vorhin?", frage ich. Wie um mich zu beruhigen, rollt er einen „Mozart" ein und zieht das Pulver langsam in ein Nasenloch. Er hebt den Kopf und schaut mich mit ziemlich glasigen Augen an.*

Ich lehne immer noch da, versuche lässig zu wirken und will mich schon vorbeugen um …

Verdammt, was soll ich nur tun? Im Kurs haben die Vortragenden stets gekonnt um den heißen Brei herumgeredet, wenn die Sprache auf eine solche Situation gekommen ist. Von Gesetzes wegen ist es auch Undercover-Agenten verboten,

* 5000-Schilling-Banknote

Suchtgift zu konsumieren. Dabei wissen die Vorgesetzten haargenau, dass es Situationen gibt, in denen der Ermittelnde keinen anderen Ausweg mehr sieht. Ein geladener Revolver etwa lässt nicht viel Spielraum. Wenn der Erfolg einer Amtshandlung oder die Zukunft von Menschen, die mit der Polizei zusammenarbeiten – wie in diesem Fall von Marcella –, vom Konsum des Gifts abhängen, sollte man erwarten können, dass das Gesetz eine Entscheidungshilfe gibt bzw. Ausnahmeregelungen vorsieht.

Noch immer habe ich ein paar Augenblicke Schonfrist, bevor ich Wickerl eine Absage erteilen muss. Bis zur „Line" bleibt mir noch ein halber Meter, als …

… plötzlich sein Handy läutet.

Er hebt ab, beginnt zu reden und deutet während seines Gesprächs auf den gerollten Geldschein und das Gift. „Moment, muss ich erst schauen, wart ein bisschen", sagt er zu seinem Gesprächspartner am anderen Ende der Leitung und dreht sich zu seinem Computer. Dabei fällt mir sein zerknittertes Hemd auf, das am Rücken große Schweißflecken aufweist.

Rasch lecke ich mir den Handballen ab und wische über die „Line", während ich den gerollten Geldschein zwischen Zeigefinger und Daumen halte und hörbar durch die Nase Luft einsauge. Der Trick funktioniert bestens, das weiße Pulver bleibt an meinem feuchten Handballen kleben. Eine versteckte Handbewegung und ich verteile die mir zugedachte Ration unauffällig auf meinem Hemd.

Mensch, hast du ein Schwein gehabt, beglückwünsche ich mich selbst zu dieser gelungenen Aktion. Doch was wäre gewesen, wenn Wickerls Handy nicht *geläutet hätte? War es mein Schicksal oder das Glück? Habe ich es meinem Improvisationstalent zu verdanken, dass ich der prekären Situation so glücklich entkommen bin? Ich schaudere, als mir bewusst wird,* wie *knapp ich dieses Mal dem Suchtgiftkonsum entgangen bin.*

Wickerl telefoniert immer noch, versucht mich dabei im Auge zu behalten, während er vor seinem Computer sitzt und etwas sucht. Ich lehne mich entspannt auf dem Sofa zurück und wische die letzten Stäubchen meiner Koksration in die helle Sitzgarnitur.

Endlich scheint mein Gegenüber das Gesuchte im Computer gefunden zu haben und beendet das Gespräch. Nun kann er mir wieder seine uneingeschränkte Aufmerksamkeit widmen. Mir fällt sein fragender Blick auf, mit dem er mich mustert. Hat er mein Täuschungsmanöver bemerkt?

Ich beeile mich die Qualität der Ware zu loben, obgleich ich eigentlich gar nicht weiß, wie hochprozentig der Stoff ist. Dank meiner Ausbildung und praktischen Erfahrung kann ich vom Aussehen und dem beißenden Geruch des Pulvers jedoch darauf schließen, dass ich es mit einem erstklassigen Produkt zu tun habe.

Dass ich mit meiner Annahme nicht falsch liege, erfahre ich augenblicklich. Wickerl zeigt sich beeindruckt; mir könne man nichts vormachen, meint er, ich hätte die Qualität des Pulvers erkannt, preist er seine Ware. Damit kann ich meine Ermittlungen fürs Erste beenden.

Einige Zeit plaudern wir noch über Autos, dann verabschiede ich mich.

„Bis zum nächsten Mal!", sagt Wickerl, streckt mir seine Hand zum Gruß entgegen und spielt mir ohne ein weiteres Wort ein Briefchen mit Kokain zu. Ich grinse breit und frage höflichkeitshalber, was ich ihm dafür schulde. „Wir werden uns schon einig werden", beruhigt er mich mit einem viel sagenden Blick.

Mein kleiner Schwindel ist ihm tatsächlich entgangen! Glückliche Fügung des Schicksals! Ich bin mir plötzlich meines Sieges sicher und spüre, wie sich in der Vorfreude des bevorstehenden Erfolgs mein Pulsschlag kräftig erhöht.

Beim Hinausgehen kann ich Marcella nirgendwo entdecken. Ich verweile kurz im eigentlichen Hauptraum des Bordells, als mich der großohrige Typ mit Baseballjacke anspricht, der an der Bar so aufmerksam dem Gespräch zwischen dem Bordellbesitzer und mir gefolgt ist. Marcella sei schon nach Hause gegangen, lässt er mich wissen.

Insgeheim bin ich sogar froh darüber; schließlich hat sie an diesem Tag schon genug Angst ausgestanden, die Nerven müssen bei ihr schon blank liegen. (Wie ich erst später von Marcella erfahre, hat sie sich tatsächlich in ihrem Zimmer befunden – jedoch mit einem Gast.)

Leicht benebelt und noch immer vibrierend von der nervlichen Anspannung, die sich nur langsam legen will, setze ich mich in mein Auto und fahre heimwärts. Als ich den Wagen vor meinem Wohnhaus einparke, stelle ich verwundert fest, wie schnell die Zeit vergangen ist. Meine Armbanduhr zeigt halb fünf Uhr morgens – bereits das vierte Mal in dieser Woche! Dabei habe ich Gabriela versprochen, nicht so spät und ohne den üblichen Gestank heimzukommen. Ihre Gereiztheit hat in letzter Zeit gehörig zugenommen und ihre Antipathie gegenüber allem, was mit meinem Job zu tun hat, wächst zusehends. In gewisser Weise verstehe ich sie auch: Wir können nichts im Voraus planen, stets kommt etwas Dienstliches dazwischen. So Leid es mir ihretwegen tut – aber auf meine Arbeit bin ich so gierig wie ein Hund auf seinen Knochen …

Leise sperre ich die Türe auf und bemühe mich im Dunkeln ins Schlafzimmer zu finden. Hoffentlich schläft Gabriela tief und fest!

Ich habe den Weg durch den Vorraum erst zur Hälfte zurückgelegt, als ich plötzlich einen riesigen Schatten auf mich zufliegen sehe. Ich stolpere, als ich rasch zurückweiche, über meine heruntergelassene Hose und falle nach hinten. Alles geht viel zu schnell, als dass ich im Dunkeln halbwegs überlegt rea-

gieren kann. Mit einer Hand Halt suchend, schlage ich mit der anderen auf etwas Feuchtes. Genauer gesagt auf eine Hundeschnauze. Bingo, mein bereits pensionierter Polizeidiensthund, hat sein Herrchen überschwänglich begrüßen wollen – das ist ihm tatsächlich gelungen! Jetzt jault er laut auf und ich brülle, als mich ein jäher Schmerz durchfährt: Ich bin mit dem Rücken hart auf der Kante des Schuhkastens gelandet.

Nach all dem Wirbel kann ich auch Licht machen. Bingo sieht mich verdutzt und aus verklebten alten Schäferhundeaugen an. Er ist mir nicht böse, weil ich ihm eine auf die Nase gehaut habe. Zu lange haben wir gemeinsam Dienst versehen, als dass er von mir annehmen würde, ich hätte ihn absichtlich geschlagen.

Jetzt tut er mir richtig Leid. Seit ich den Job als verdeckter Fahnder mache, habe ich nicht mehr viel Zeit für ihn. Früher ist das anders gewesen. Bingo, ein ausgezeichneter Polizeihund, hat mich viele Jahre auf Streifendienst begleitet. So gutmütig er aussieht, so scharf konnte er sein, wenn es darauf ankam.

Bingo ereilte das typische Polizeidiensthunde-Schicksal: Es kam der Tag, an dem der Tierarzt, der ihn regelmäßig untersuchte, seine Dienstuntauglichkeit feststellte. Mir waren damals die Tränen in die Augen geschossen. „Tja, leider", hatte der Arzt gesagt, der eine solche Situation nicht zum ersten Mal erlebte. Der einfühlsame Kommandant hatte mir daraufhin einen neuen Hund angeboten. Den sollte ich von klein auf ausbilden und die nächsten Jahre gemeinsam mit ihm auf Streife gehen. – Und Bingo? Bingo würde in der Dienststelle einen Pensionszwinger zugewiesen bekommen, wie so mancher andere Diensthund auch. Mein Magen krampfte sich zusammen. Zu oft hatte ich sie liegen gesehen, die herrenlos gewordenen vierbeinigen Freunde der Polizisten – zwar fürsorglich betreut, aber jeden Tag von einem anderen Pfleger. Keine Familie, zu der sie mehr gehörten. Abgeschoben, pensioniert, ausgedient: die letzte Station ihres Daseins. Ich durfte nicht daran denken, dass mein Bingo in einem solchen Zwinger den Rest seines Lebens zubringen würde. Er würde dann zusehen, wie ich mit einem jungen Hund zum Dienst kam und wieder heimfuhr. Ohne ihn. Nein, dieses Schicksal sollte er nicht erleiden. Hin- und hergerissen quittierte ich schließlich meinen Dienst bei der Hundeabteilung und nahm Bingo mit nach Hause.

Zwischen Vor- und Wohnzimmer steht jetzt noch jemand. Gabriela schüttelt wortlos den Kopf. Ich sehe, dass sie zum verbalen Schlag gegen mich auszuholen will. Ich kenne sie lange genug, um zu erraten, was sie gerade denkt: Ist mal wieder stockbesoffen und kann sich nicht einmal mehr auf den Beinen halten! – Tief bin ich in ihren Augen gesunken. Ich beginne zu reden. Sie soll feststellen, dass ich ohne schweren Zungenschlag rede, also durchaus nüchtern bin, und dass mich bloß der fünfzig Kilogramm schwere Schäferhund umgerissen hat.

„Habe eine schlimme Woche hinter mir, jetzt ist das Ärgste überstanden", meine ich und in diesem Augenblick tue ich mir selber Leid. Doch dann überkommt mich wieder das Gefühl des Triumphes angesichts des errungenen Teilerfolgs.

„Alles in Ordnung mit dir?", fragt Gabriela und leichte Besorgnis schwingt in ihrer Stimme mit.

„Ja, sicher, ich wollte nur besonders leise sein, um dich nicht zu wecken; ist mir aber gründlich misslungen", gebe ich zu, während ich mich stöhnend aufrapple. „Jetzt wird endlich das Wochenende genossen, ich mag vom Dienst nichts mehr hören und sehen!"

Von Gabriela kommt ein zustimmendes „Okay!", dann legt sie sich wieder nieder.

Ich kann jetzt noch kein Auge zumachen, also setze ich mich für eine Weile in die Küche und lasse den Abend Revue passieren. Gute Arbeit, zolle ich mir selbst Anerkennung und gehe zufrieden zu Bett. Gabriela darf (und will) ich keine Details von meiner Arbeit erzählen, denn ich bin an das Dienstgeheimnis gebunden.

Gegen Mittag reißt mich ein übler Geruch aus dem Schlaf. Ich öffne die Augen und erkenne Bingo, der mich aus zehn Zentimeter Entfernung anhechelt. „Gassi gehen", meint er damit freudig. Ich bin leicht verärgert über Gabriela, weil sie mit dem Hund noch nicht nach draußen gegangen ist. Sie liegt neben mir und schläft. Kein Wunder, ist sie doch meinetwegen erst sehr spät eingeschlafen. Sie kann nämlich kein Auge zutun, solange ich im „Untergrund" heikle Aufgaben zu bewältigen habe. Am Handy will sie mich nicht stören. – Eigentlich habe ich wirklich keinen Grund, mich über sie zu ärgern. Nun bleibt also an mir die ehrenvolle Aufgabe hängen, mit meinem vierbeinigen Pensionisten ein bisschen Frischluft zu tanken.

Ein lauer, sonniger Tag begrüßt uns. Ich rufe unsere Freunde an und bestätige den Heurigenbesuch, der für den Abend vorgesehen ist.

„Alles klar, wir treffen uns um 19.00 Uhr beim Pospisil *im Kahlenbergerdörfl zum Backhendlessen."*

Ich freue mich schon riesig auf das Treffen. Und ich werde endlich wieder etwas Ordentliches zum Essen bekommen. Die ganze übrige Woche ernähre ich mich fast ausschließlich von Schnellimbissen.

Nach einem halbstündigen Rundgang gehe ich mit Bingo nach Hause zurück. Gabriela ist schon munter und ein herrlicher Brunch steht bereit.

Ich habe nun das erste Mal in dieser Woche Zeit, ihr ein bisschen von meiner neuen Aktion zu erzählen. Natürlich lasse ich Begebenheiten, die sie beunruhigen könnten, weg. Sie muss ohnehin genug mit mir durchmachen.

Den Nachmittag verbringe ich mit Gabriela im Bett, bis es Zeit wird, uns für den Heurigenbesuch fertig zu machen.

Mein Handy schalte ich sicherheitshalber ab. Der Abend soll nach langer Zeit wieder einmal uns gehören.

Am Tisch der Familie Pospisil sitzt auch ein alter Stammkunde, der mich freundlich begrüßt. Lautstark verkündet er, jetzt könne nichts mehr passieren, da Polizei anwesend sei. Durch diese Feststellung fühle ich mich natürlich geschmeichelt, andererseits muss ich als verdeckter Fahnder darauf achten, so wenig wie möglich aufzufallen. Es kann sich jemand im Lokal befinden, dem ich irgendwann einmal als Zivilperson entgegentreten will.

Die Gefahr, von Leuten wiedererkannt zu werden, die ich ins Gefängnis gebracht habe, besteht prinzipiell überall, ich muss also stets auf der Hut sein, um unliebsamen Begegnungen rechtzeitig ausweichen zu können. Wenn immer ich ein Lokal betrete, versuche ich mir einen raschen Überblick über die anwesenden Gäste zu verschaffen. Diese Wachsamkeit ist mir mittlerweile zur zweiten Natur geworden.

Das Backhendl schmeckt wie immer ausgezeichnet und die Stimmung ist absolut super. Der Wein und zwei Zigeunermusiker lassen mich für eine Weile mein „zweites Leben", nämlich das dienstliche, vergessen.

Es ist gegen 22.00 Uhr und das Lokal lichtet sich merklich. Wir beschließen, in Gabrielas Lieblingslokal zu gehen, eine kleine, gediegene Bar mit guter Musik in Döbling. Dort haben wir einander vor vier Jahren kennen gelernt.

„Piep-piep-piep" – der unangenehme Ton ist durchs ganze Lokal zu hören. Er kommt von meinem am Gürtel befestigten

Pager. Gabriela verfällt zusehends und unsere Freunde warten gespannt, wie ich nun reagieren werde.

„Wos is jetzt scho wieda?", knurre ich ärgerlich und mein Groll wächst noch, als ich die Rufnummer am Pager erkenne: Es ist Marcella, die mich zu Hilfe ruft.

„Moment, habe ich gleich erledigt", sage ich und gehe zu meinem Auto, um ungestört von meinem Handy aus Marcellas Nummer zu wählen.

„Ich kann nicht mehr, bitte hol mich hier weg, er hat mich fast erschlagen, ich weiß nicht mehr weiter!", schreit sie.

„Ich bin heute nicht in Wien, ich komme erst morgen zurück", lüge ich.

Marcella schluchzt ins Telefon. „Bitte, bitte, ich flehe dich an, ich habe zu viel Koks genommen und jetzt geht's mir nicht gut. Und der Wickerl schlägt mich dauernd, weil ich nicht genug Gäste bringe, bitte hilf mir!"

Ich versuche sie zu beruhigen; es hätte absolut keinen Sinn, durchzudrehen, ich würde am nächsten Tag ohnehin wieder in Wien sein.

Mein Beschwichtigungsversuch zeigt nicht die gewünschte Wirkung. Beinahe apathisch meint sie, dass sie alles Wickerl erzählen werde, falls ich nicht sofort komme und ihr helfe.

Das darf sie nicht machen, sie würde sich durch diese Aktion selbst noch mehr gefährden!

„Mir is alles wurscht, mein Leben hat eh keinen Sinn mehr."

Heißt im Klartext, dass für mich der Abend gelaufen ist.

„Also gut, ich brauche aber noch eine Weile", versuche ich sie zu beruhigen.

„Mach schnell, sonst ..." Damit beendet sie abrupt das Gespräch.

Das hat mir gerade noch gefehlt! Damit kann ich den restlichen Teil des Abends abschreiben! Wie soll ich Gabriela und unseren Freunden diese Nachricht beibringen?

Ich kehre ins Lokal zurück. Die drei sitzen nach wie vor am Tisch, aber ihre Gesichter zeigen nicht mehr den entspannten, lächelnden Ausdruck wie vorhin. Meine Mundwinkel verraten bereits von ferne, was jetzt kommen wird.

„Wir haben schon bezahlt und führen Gabriela nach Hause", sagt mein Freund. Im Gegensatz zu Gabriela versteht er mein Problem sehr gut, da er selbst Polizist ist.

Gabriela macht mir kaum Vorwürfe, was mir hilft, mein schlechtes Gewissen in den Griff zu bekommen.

Jetzt muss ich wieder meinen privaten gegen den Dienstwagen eintauschen. Dazu fahre ich in unsere „Immobilienfirma" und hole mir den Autoschlüssel des BMW. Mein Chef hat zufällig Journaldienst und fragt mich, warum ich so plötzlich den Dienstwagen brauche. Ich schildere ihm kurz die Situation. Er schüttelt nur den Kopf und meint, dass es noch ein schlimmes Ende mit mir nehmen werde. „Aufpassen!", schreit er mir nach.

Sobald ich mich ins Auto setze, verfliegt die Stimmung der letzten Stunden; vergessen sind auch die angenehme Plauderei und das herrliche Backhendl. Dafür erwacht jetzt mein Jagdinstinkt.

Auf der Reichsbrücke kann ich Wien bei Nacht sehen. Ja, ich stecke wieder mitten im Geschehen, die erregende Atmosphäre des Rotlicht- und Drogenmilieus zieht mich in ihren Bann. Ich beglückwünsche mich insgeheim selbst zu meinem Wahnsinnsjob, der mir zwar einiges abverlangt und mir nur wenig Privatleben lässt, mir aber sonst absolut zusagt und der meinen Adrenalinspiegel jedes Mal aufs Neue hochschnellen lässt.

Ich steige aufs Gaspedal, um so schnell wie möglich ins Puff und zu Marcella zu kommen. Bei diesem Auto merkt man die Geschwindigkeit nicht und der „Gürtel" bietet mir aufgrund des schwachen Verkehrsaufkommens freie Fahrt.

Einige hundert Meter noch und ich werde die rote Leuchtreklame des Lokals erkennen können …

Da leuchtet noch etwas rot auf: die Anhaltelampe eines uniformierten Kollegen. Planquadrat – voll erwischt mit 108 km/h!

Sehr böse und in ziemlicher Lautstärke kommandiert der Kollege: „Aussteigen – Führerschein – Zulassungsschein!"

Natürlich habe ich keinen Dienstausweis bei mir. Den Zulassungsschein lassen wir auch immer im Büro. Na schön, ist ja nicht das erste Mal, dass ich in eine solche Situation komme. Nach längerem Hin und Her sowie einer Fahrzeuganfrage ist die Sache erledigt. Der uniformierte Kollege hält mir noch den nachkommenden Fließverkehr auf, um mir eine ungehinderte Weiterfahrt zu ermöglichen.

Fein hingekriegt! Wenn das kein gutes Omen für die bevorstehende Aktion ist! Nach einigen Metern parke ich mein Fahrzeug vor dem Lokal ein – natürlich auf dem Gehsteig.

Leicht nervös betrete ich die Bar. Sie ist ziemlich gut besucht – kein Wunder, es ist ja Wochenende –, und ich steuere zielstrebig meinen alten Stammplatz an der Bar an. Wickerl sitzt an einem Ecktisch, umgeben von drei düsteren Typen. Alle vier haben die Köpfe zusammengesteckt, sodass niemand etwas von ihren Gesprächen belauschen kann. Eine klassische „Strizzipartie".

Trotz des angeregten Gesprächs lässt Wickerl es sich nicht nehmen, kurz zu unterbrechen und zu mir an die Bar zu kommen.

„Seavas, schlimma Bua", sagt er in väterlichem Ton zu mir und dieser Ausdruck vermittelt mir seine Einstellung zu meiner Person. Diese ist offenbar sehr positiv mir gegenüber, ich werde sozusagen von ihm akzeptiert. „I kumm glei. Muass a paar Klanigkeiten mit G'schäftshawara von mir checken."*

* Geschäftsfreunden

„Nur kein Stress", sage ich lächelnd und setze mich an die Bar.

Wickerl geht wieder zu seine „Hawara" zurück und gibt eine kurze Erklärung ab, worauf die drei interessiert die Köpfe in meine Richtung drehen und freundlich grüßen.

Was er ihnen wohl über mich erzählt haben mag? Wahrscheinlich die Geschichte von einem kokainsüchtigen Autoverschieber, der sich von seinem Vater aushalten lässt und „Sohn" spielt. Mir können solche Referenzen aus dem Munde eines Gürtelstrizzis nur recht sein.

Ich konzentriere mich so ausschließlich auf Wickerl, dass mir der eigentliche Grund meines Besuches erst nach einiger Zeit wieder einfällt.

Marcella – wie habe ich sie gedanklich so total verdrängen können! – ist jedoch nicht da.

Da ich allein an der Bar stehe, kann ich in Ruhe nachdenken und meine nächsten Schritte planen. Ach was! Absolute Gedankenverschwendung! Es gibt keinen Plan. Denn sobald ein Projekt wie dieses hier an Eigendynamik gewinnt, heißt es improvisieren und schauspielern. Man kann sich zwar in groben Zügen einen Plan zurechtlegen, aber in der heißen Phase des Geschehens muss man flexibel sein und sich den Gegebenheiten anpassen. Also Augen offen halten und locker bleiben!

Die Dame hinter der Bar erregt mit einem Mal meine Aufmerksamkeit. Sobald mein Glas leer ist, schenkt sie sofort wieder nach. Jeder zweite Drink geht „auf Kosten des Hauses" und ich bemühe mich, wenig zu trinken, um nicht als Schnorrer dazustehen. Manuela heißt die rothaarige Schönheit und ich wundere mich über mich selbst, dass ich sie nicht schon früher bemerkt habe. Ich schiebe das auf den Stress – aber jetzt, wo ich entspannt bin, leiste ich mir den Luxus, mit ihr zu plaudern, zumal sie sich um keine anderen Gäste kümmern muss. Diese sind fast alle mit den anwesenden Damen beschäftigt.

Mein Blick wird magisch angezogen von Manuelas toller Erscheinung. Ihre endlos langen Beine stecken in hauchdünnen schwarzen Nylons, deren obere Begrenzung ein sehr kurzer schwarzer Lederrock bildet; er lässt bei jeder Bewegung das Strumpfende erkennen. Meine Augen gleiten weiter über Manuelas Wespentaille – die schön geformten Rundungen bringen mein Blut in Wallung ... Verdammt, in der momentanen Situation völlig unpassend! Ich spüre, wie ich mit jeder Sekunde unruhiger und geiler werde. Und diese wohl geformten Brüste! Sie zeichnen sich durch ihr gelbes, eng anliegendes bauchfreies Leibchen deutlich ab. Manuelas Gesicht zeigt zu meinem großen Erstaunen keine Spuren des Nachtgeschäftes. Ich schätze ihr Alter auf 25 Jahre.

„Na, hübsche Frau", sage ich leicht verlegen und nippe an meinem Wodka. Halb dienstlich, halb privat lade ich sie auf eine kleine Flasche „Veuve Cliquot"-Champagner ein und beginne mit ihr über Gott und die Welt zu plaudern. Ein untrügliches Gefühl in mir sagt, dass sie für das Gelingen meines Undercover-Einsatzes noch von großer Wichtigkeit sein wird, wenngleich ich nicht sagen kann, warum ich das glaube. Diese Frau erstaunt mich mit jeder Minute mehr; ihre geistvollen Bemerkungen steigern mein Interesse an ihr stetig.

Ist es nur meine Eitelkeit, die mich narrt, oder stelle ich bei Manuela tatsächlich ein gewisses Interesse an mir fest? Die so genannte „Chemie" stimmt zwischen uns und wir vereinbaren für den nächsten Tag ein gemeinsames „außerdienstliches" Mittagessen.

Morgen ist ja Sonntag!, durchzuckt es mich und ich erinnere mich wieder an mein „freies Wochenende" mit Gabriela. Anscheinend brauche ich rund um die Uhr Stress pur, sonst würde ich mich nicht pausenlos in heikle Situationen brin-

gen. Aber in diesem Moment fühle ich mich von Manuelas Ausstrahlung wie verhext, sie hat mich in ihren Bannkreis gezogen und im Moment habe ich kein Verlangen, ihm zu entfliehen!

In diesem Augenblick geht die Türe auf und ein zerbrochen wirkendes Lebewesen kommt herein. Marcella! Verschüchtert und hinter dunklen Sonnenbrillen Deckung suchend, lässt sie sich in die Eckgarnitur fallen. Jetzt hat sie mich erspäht und ihr Blick bleibt an mir haften. In einem ungünstigeren Moment hätte Marcella nicht erscheinen können! Schließlich bin ich gerade anderweitig beschäftigt.

Im Lokal scheine ich momentan der gefragteste Typ zu sein – zu jeder anderen Zeit wäre mir nichts willkommener gewesen. Aber jetzt kann ich mich wahrlich nicht um Marcella kümmern! Nicht nur, dass ich das intime Gespräch mit Manuela nicht so abrupt enden lassen will, würde Wickerl, der sich nach wie vor im Flüsterton mit seinen Kumpanen unterhält, vielleicht Verdacht schöpfen, wenn ich auf der Stelle zu Marcella hinüberginge, um mich um sie zu kümmern. Also begrüße ich sie kurz von meinem Platz aus und plaudere angeregt mit Manuela weiter.

„Was ist dir denn mit Marcella eingefallen?“, fragt Manuela ganz plötzlich und trifft mich ziemlich unvorbereitet.

„Tja, schlimme Sache, ist mir eben so passiert. Ich bin im Moment nicht gut drauf und zu Hause ...“

Jetzt stecke ich in der Zwickmühle. Alle sollen mich für einen von Marcellas Freiern halten und ihr gegenüber muss ich den Erlöser spielen. Zu meiner großen Erleichterung begreift Marcella rasch meine Notlage und rollt sich in der Ecke zusammen. Ich tue, als schenkte ich ihr weiter keine Aufmerksamkeit, und bestelle noch eine kleine Flasche Champagner für Manuela und mich.

Die „bösen Buben" von Wickerls Tisch stehen auf und gehen.

Wickerl bewegt sich schwankend hinter die Bar und kontrolliert die Standliste der Nutten. Mit einem zufriedenen Lächeln kommt er zu mir und setzt sich. „Ned amoi so schlecht, heit", meint er und steckt mir gleichzeitig ein Kokainbriefchen zu.*

„Oh, danke schön", sage ich, „war eh schon wieder fertig mit dem, was du mir gestern gegeben hast."

Sofort gehe ich auf die Toilette und werfe zirka die Hälfte des Inhalts in die Toilettenmuschel. Meine Augen reibe ich vor dem Spiegel noch ordentlich rot und gehe zurück zur Bar.

Wickerl plaudert jetzt mit Manuela und beendet sofort das Gespräch, als er mich kommen sieht. Ich bin mir noch immer nicht ganz sicher, ob ich Wickerls Vertrauen hundertprozentig besitze.

Ich will ihm das Briefchen unauffällig zurückgeben. Er winkt ab. In diesem Augenblick wird Manuela auf die ganze Aktion aufmerksam und lächelt. Sind meine Chancen bei ihr dadurch gestiegen oder habe ich alles vermasselt? – Drehst du jetzt komplett durch, oder was?, denke ich bei mir. Es ist doch sekundär, ob du vielleicht bei ihr landen kannst oder nicht. Ich bemerke zu meinem Schrecken, dass ich bereits dabei bin, Dienstliches und Privates zu vermischen. Eine bedenkliche Sache! Was ich jedoch im Auge behalten muss, ist die Undercover-Geschichte, die ich unbedingt zu einem positiven Abschluss bringen will.

Nun lasse ich auch Manuela links liegen, um mir den Anschein eines „kleinen Gauners" zu geben. Ich unterhalte mich wieder mit Wickerl. Das Gespräch ist ziemlich anstrengend, zumal er sehr betrunken ist und ich bereits nüchtern bin.

„Die Marcella geht mir auch auf die Eier", meint er in Zu-

* „Nicht einmal so schlecht, heute."

hältermanier. „Die is total verjunkt und kennt sich nimmer aus."

„Hau s' auße, de bringt sowieso nix mehr", sage ich beiläufig zu ihm – mit dem Hintergedanken, Marcella auf diese Weise elegant und unauffällig aus Wickerls Schussfeld zu bringen. Sie will ohnehin nicht mehr bei ihm „anschaffen"[1]*. Im Übrigen hätte ich dann kein so schlechtes Gewissen ihr gegenüber, wenn sie bei der Abwicklung des Scheingeschäfts woanders arbeiten würde. Und Wickerl kann nach seiner erfolgten Festnahme Marcella nicht als Verräterin verdächtigen.*

„Host eh Recht, die bringt nix mehr, die verschreckt mir nur meine Gäste, so wie sie aussieht. Bei dir war sie noch halbwegs normal, aber jetzt ..."

Da Marcella den Verlauf des Gespräches auch mitbekommt, gibt sie sich vielleicht so kaputt, um schneller zu erreichen, dass Wickerl sich von ihr trennt.

„I mog s' goa nimmermehr sehn, tuast ma an Gfoin?"[2]*, meint er zu mir und ich weiß, was jetzt kommt.*

„Wos wüßt d'n?", frage ich ihn.

„Geh hin zu ihr und sog ihr, sie soi ihr Klumpat pockn und sie vertschüssn. Tätst des fia mi mochn, i bin scho so fett, vielleicht druck i ihr no amoi ane, wenn s' ma am Oasch geht."[3]

„Heast, du tuast ma wos au – jo, von mia aus, i hob ka Problem damit"[4]*, tue ich ein bisschen widerwillig.*

Manuela hat das Gespräch mitverfolgt, jetzt verzieht sich ihr hübscher Mund zu einem Lächeln.

1 als Prostituierte arbeiten

2 „Ich mag sie gar nicht mehr sehen, tust du mir einen Gefallen?"

3 „... sag ihr, sie soll ihre Sachen packen und sich verabschieden. Würdest du das für mich tun, ich bin schon so betrunken; vielleicht schlage ich sie noch einmal, wenn sie mir auf die Nerven geht."

4 „Hör mal, du verlangst viel von mir – ja, von mir aus, ich habe kein Problem damit."

Ich nehme einen letzten Schluck, wie man ihn macht, wenn man sich für eine unangenehme Situation rüstet. Ich stehe auf und nähere mich dem Häufchen Elend. Marcella rappelt sich auf und sitzt jetzt, die Hände zwischen den Knien, erwartungsvoll in der Ecke.

„Läuft alles super, du bist erlöst, kannst gehen. Er will dich nicht mehr hier haben. Ich rufe dich morgen an. Jetzt gehst du heim und legst dich nieder", rede ich leise auf sie ein.

„Ehrlich? Ich kann's kaum glauben", meint Marcella und muss sich auf die Unterlippe beißen, um nicht laut aufzulachen. Geschafft! Offen gestanden hat sie mit ihrer Schauspielerei auch mich ein bisschen belogen, aber ich nehme es ihr nicht übel. Im Gegenteil, es hätte gar nicht besser für uns laufen können.

Marcella muss zwangsläufig an Wickerl vorbei, da sich ihr Umkleidekasten in den hinteren Zimmern befindet. Wickerl würdigt sie keines Blickes, sondern bedankt sich bei mir und stellt mir noch einen Wodka an die Bar. Wenige Minuten später taucht Marcella schon wieder auf, mit ihren Habseligkeiten in zwei Plastiktaschen.

„Solltest wieder normal sein, kannst ja einmal reinschaun", meint Wickerl zu Marcella. Die nickt nur und verlässt – mir einen bewusst bösen Blick zuwerfend – das Lokal.

Ich glaube, Wickerl wollte mich mit dieser Aktion einem neuerlichen Test unterziehen. Ich merke an seiner Ausdrucksweise mir gegenüber, dass ich bestanden habe. Ich sehe meine Zeit für gekommen, einen Gegentest zu machen.

„Du, Wickerl, ich habe in Salzburg einen befreundeten Lokalbesitzer. Der hat ein bisschen zu viel Geld über und nervt mich schon seit Monaten wegen ein paar Gramm Koks. Ich kenne hier nur einen, von dem ich ab und zu für mich was kaufe, aber das ist nicht so gut wie deine Ware", lüge ich ihm ins Gesicht und warte seine Reaktion gespannt ab.

„Na, wie viel brauchst d'n?", fragt er mich.

„Keine Ahnung, ich müsste meinen Freund in Salzburg einmal anrufen und fragen. Wart, ich geh kurz telefonieren." Ich nehme mein Handy, das auf der Bar liegt, und entferne mich. Nach einiger Zeit kehre ich zurück.

„Na ja. Es ist blöd, das am Telefon zu besprechen, aber er hat gesagt, dass er 300.000 Schilling (knapp 22.000 Euro) in sein Lokal investieren möchte. Er hat damit gemeint, dass er so viel auf der Seite hat."

„Und den kennst schon lang?", fragt Wickerl. Sein Misstrauen ist erwacht.

„Ja. Genügt es, wenn ich dir sage, dass er mein Exschwager ist?", antworte ich ihm. Sichtlich aus der Ruhe gebracht gibt mir Wickerl zu verstehen, dass er um 300.000 Schilling 400 Gramm reines Kokain abgeben könne.

„Ich muss aber erst schauen, ob sich das machen lässt", meint Wickerl etwas kleinlaut und seine Stimme nimmt einen ganz unpersönlichen Klang an.

Was hat das auf einmal zu bedeuten?! Verunsicherung macht sich in mir breit. Hat Marcella diese ganze Aktion nur eingefädelt, um sich helfen zu lassen? Sie hat doch behauptet, Wickerl sei auf sehr viel Kokain sitzen geblieben. Mein Gehirn rotiert; ein blamabler Misserfolg zeichnet sich ab. Und das, nachdem ich so viel Geld, Zeit und Nerven in diesen Fall investiert habe! Das kann es wohl nicht gewesen sein!

„Moch da kane Sorgen, schlimma Bua, des geht eh in Ordnung", beruhigt mich Wickerl, als er sieht, wie es in meinem Kopf arbeitet.

Er hat meine Niedergeschlagenheit völlig falsch gedeutet. Würde er auch nur ahnen, welche Gedanken mir gerade durch den Kopf gegangen sind! Vermutlich glaubt er, dass ich das große Geschäft für verloren halte. So Unrecht hat er dabei gar nicht.

„Ja, musst eh du wissen, gibst mir halt Bescheid, wie, was, wann“, sage ich ganz beiläufig zu ihm.

„Wann könntest du das Geld haben?“, will er wissen.

Ich gebe ihm zu verstehen, dass ich mich bei ihm melden würde, sobald mein Exschwager mir das Geld geschickt hätte.

„Kann ich die Ware noch ein bisschen strecken?“, frage ich Wickerl mit naiver Stimme und er meint lachend, so wie immer: „Du bist jo wirklich a schlimma Bua, sicher, die konnst leicht um hundert Gramm aufbügeln.“

„Also gut. Sobald ich das Geld habe, rufe ich dich an und wir vereinbaren einen Treffpunkt. Oder noch besser, damit wir am Telefon nichts mehr reden müssen, machen wir uns das gleich aus, o.k.?“

„Genau, du rufst mich zwei Stunden vorher an und wir treffen uns im Café Westend *am Gürtel, Ecke Mariahilfer Straße“, befiehlt mir Wickerl und ich besiegle unsere Vereinbarung mit einem kräftigen Handschlag.*

Die Nacht dauert lange. Wickerls Alkoholspiegel steigt stetig und dazu schnupft er auch noch Kokain. Kurz bevor er in sein Büro schlafen geht, umarmt und küsst er mich väterlich. Es ist erst drei Uhr, als er vom Alkohol und Kokain völlig geschafft ist, und ich kann mich endlich wieder Manuela zuwenden.

Jetzt musste ich mir noch eine gute Ausrede einfallen lassen, warum das morgige Mittagessen mit Gabriela nicht stattfinden konnte ...

Um 11.00 Uhr wachte ich am nächsten Morgen auf und fand mich in einem großen hellen Zimmer wieder.

Neben mir lag eine rothaarige Prinzessin namens Manuela und schlief selig. Als ich mich aufsetzte und einen hysterischen Hustenanfall bekam, wanderte ihre grazile Hand in meine Richtung.

„Jetzt gibt's Zoff", stellte ich fest, nachdem ich auf meine Uhr gestarrt hatte.

„Na los, beeil dich, fahr nach Hause", sagte sie verständnisvoll und fürsorglich.

Ich sprang rasch in meine zerknitterte Hose und suchte nach einem kurzen, aber intensiven Kuss das Weite. Im Gang des Hauses nahm ich immer drei Stufen auf einmal und wusste absolut nicht, in welcher Gegend von Wien ich mich gerade befand. Ich war noch ziemlich schlaftrunken und roch nicht sehr angenehm. Endlich, da war die Ausgangstür. Ich stieß sie auf. Das Sonnenlicht blendete mich so, dass ich überhaupt nichts erkennen konnte.

Mein Herz klopfte wie verrückt und nur langsam gelang es mir, mich zu sammeln. Wo war mein Handy? Wahrscheinlich hatte Gabriela schon einiges unternommen, um mich zu finden. Mein Chef wusste es auch nicht zu schätzen, wenn ich mich so lange nicht meldete. Plötzlich hatte ich das unangenehme Gefühl, als würde gleich alles über mir zusammenbrechen. Hatte ich das eigentlich aus dienstlichem Interesse gemacht? Oder trug mein geiler Zustand die Schuld?

Ich stand mitten in der Großfeldsiedlung, einer trostlosen Wohngegend am Rande von Wien. So viel konnte ich anhand eines Straßenschildes mit der Aufschrift „Pastorstraße" erkennen. Riesige graue Betonklötze drohten auf mich zu stürzen und ich musste mich kurz auf den Randstein setzten. Mein Kreislauf spielte mir übel mit. Nach ein paar Minuten hob ich den Kopf und konnte zirka zehn Meter vor mir mein Auto erkennen. Gott sei Dank! Wenn ich das jetzt nicht gefunden hätte, hätte ich durchgedreht!

Ich ging mit schnellen Schritten zum Fahrzeug, setzte

mich hinein und fuhr los. Da lag mein Handy mit 18 unbeantworteten Anrufen!

Ein Blick in den Rückspiegel ließ mich kurz zurückschrecken. War das wirklich ich? Ich, der immer sehr auf sein äußeres Erscheinungsbild achtete? Mein Haar war zerwühlt und mein Gesicht gelb. Meine Lippen zeigten kreislaufbedingt eine hellrosa Farbe und ich drohte jeden Augenblick das Bewusstsein zu verlieren.

Schriiiiiiill – das durchdringende Geräusch meines Handys ließ mein Herz noch eine Drehzahl höher schlagen. Ich schaute aufs Display. Keine Nummer schien auf, wie ich zu meiner großen Erleichterung feststellte. Also konnte es nicht Gabriela sein. Denn wenn sie mich anrief, erschien ihr Name auf dem Display.

Zitternd hob ich ab.

„Jetzt darfst du dir eine sehr gute Erklärung einfallen lassen oder gleich deine Koffer packen!", hörte ich Gabriela ruhig sagen. Wie naiv meine Annahme gewesen war! Sie hatte ihre Nummer einfach unterdrückt!

„Es wurde sehr spät und ich war richtig betrunken. Um sechs Uhr Früh habe ich das Dienstauto zum Büro zurückgebracht und wollte dann nicht mehr mit meinem eigenen Wagen nach Hause fahren. Also habe ich gleich dort geschlafen und wollte dich um diese Zeit nicht mehr anrufen", log ich und wunderte mich über mich selbst, dass ich in einer derart miesen Verfassung überhaupt einen klaren Gedanken fassen konnte.

„Wo bist du jetzt, wenn ich fragen darf, und warum hast du nicht abgehoben?", schrie sie entnervt ins Telefon.

Wieder redete ich mich auf meinen Zustand aus; ich wäre so betrunken gewesen, dass ich wie ein Stein geschlafen hätte.

„Na gut, wir sehen uns ja gleich, oder?“, ließ Gabriela mit einem drohenden Unterton hören. Ich bejahte.

Ich konnte mich beglückwünschen: Wieder einmal hatte ich mich in eine stressige Situation gebracht! Ich musste ja das Dienstauto gegen mein privates tauschen. Als ich meinem Chef im Büro kurz Bericht erstattete, wurde mir plötzlich bewusst, auf welchem Level sich meine dienstliche Tätigkeit bereits befand.

Ich saß wieder in meinem Privatauto und fuhr heimwärts. Beim Aufwachen in Manuelas Wohnung hatte ich in der Hektik völlig vergessen, auf die Toilette zu gehen. Dieser Umstand machte mir jetzt extrem zu schaffen, besonders bei jeder Bodenwelle. Auf der Südosttangente nahm ich die Abfahrt „Prater“, denn ich musste unbedingt Wasser lassen. Zügig bog ich am Stadion-Parkplatz ein und öffnete bereits die Hosentür, während das Auto noch rollte.

Nicht zu fassen! Erst jetzt fiel mir auf, dass ich keine Unterhose anhatte! Die lag noch immer bei Manuela. Eine schöne Bescherung! Im ungelegensten Moment kommt meist alles zusammen. Da heute Sonntag war, konnte ich mir auch nirgendwo eine kaufen, und Gabriela würde es mit hundertprozentiger Sicherheit sofort merken, dass ich keine Unterhose trug. Also wieder zurück, um sie zu holen! Mir fiel in meiner Nervosität nicht mehr ein, an welcher Hausnummer Manuela wohnte, ich erinnerte mich nur mehr an die Pastorstraße irgendwo in der Großfeldsiedlung. Schön ruhig bleiben! Ich würde Manuela ganz einfach anrufen und sie nach der genauen Adresse fragen. Jetzt konnte ich nur hoffen, dass ich ihre Nummer gespeichert hatte. Bingo, sie stand unter dem Decknamen „Manuel“. O.k., 0664... – „Hallo, hier spricht Manuela – du bist mit meiner Mobilbox verbunden.“

Jetzt resignierte ich und fuhr auf direktem Weg nach Hause. Wieder musste ich improvisieren.

Beim Einbiegen in meine Gasse konnte ich noch Bingos Hinterteil erkennen, bevor er um die Ecke bog. Das nenne ich Glück! Gabriela war gerade Gassi gegangen. Ich stellte meinen Wagen in der Halteverbotszone ab, lief ins Stiegenhaus und hastete die drei Stockwerke hinauf. Jetzt musste ich rasch die Türe aufsperren und aus der Hose springen. Aus dem Schmutzwäschebehälter fischte ich einen schwarzen Slip heraus und zog ihn an. Dann wieder in die Jeans gesprungen und fertig!

Bingo begrüßte mich überschwänglich, während Gabriela mir einen eiskalten Blick zuwarf.

„Magst was essen gehen?", fragte ich sie, nur um das böse Schweigen zu durchbrechen.

„Danke, mir ist der Appetit vergangen", meinte sie abweisend und ging in die Küche, um das schmutzige Geschirr abzuwaschen. Das tat sie mit großem Lärm. Sie hatte nämlich genau erkannt, in welchem Zustand ich mich befand; da konnte ich „Aufräumgeräusche" auf den Tod nicht ausstehen.

In dieser Stimmung endete auch der Sonntag und mein schlechtes Gewissen fraß mich fast auf. Sehr zeitig und wortlos gingen wir schlafen.

Am nächsten Morgen war ich der Erste im Büro, um meinen Chef zu beeindrucken. Ich kaufte Lachs und Kaviar sowie eine Flasche Sekt. Das sollte als diskreter Hinweis auf den bevorstehenden Scheinkauf einer größeren Menge Suchtgifts anspielen, den ich als Anfänger eingefädelt hatte. Wie vermutet kamen Sekt und Lachsfrühstück bei meinen Kollegen und vor allem beim Chef sehr gut an. Ich erzählte von den Vorkommnissen der vergangenen Woche und vom momentanen Stand der Dinge, was notwendig war, weil ich meine Kollegen in den letzten Tagen kaum zu Gesicht bekommen hatte.

„Wir könnten die ‚Operation Marcella' heute noch durchziehen", sagte ich in die Runde. Nach längeren Beratungen kamen wir zu dem Schluss, aus taktischen Gründen noch zwei oder drei Tage zuzuwarten, bis „das Geld aus Salzburg" eingetroffen wäre.

Gut, so hatte ich wenigstens ein bisschen Luft, um den privaten Teil meines Lebens wieder ins Lot zu bringen. Tagsüber musste Gabriela arbeiten und am Abend würde ich gleich nach Dienstschluss nach Hause fahren. Ich nahm mir vor, den ganzen Tag gemütlich im Büro zu verbringen, um alle verabsäumten Telefonate und die administrativen Tätigkeiten zu erledigen. Ich wollte die Fotokartei aktualisieren, alte Akten aufarbeiten und in der Verbrecherkartei wühlen.

Wie es wohl Marcella ging? Ich rief sie kurz entschlossen an.

„Ich bin mit meiner Mutter in Lignano, mir geht es sehr gut. Danke für deine Hilfe, ich verspreche dir, kein Koks mehr zu nehmen. Ich möchte ein neues Leben beginnen und du hast den Anfang für mich eingefädelt. Danke, viele Bussi, ich meld mich, ciao!"

Es tat gut, das zu hören. Marcella klang wirklich ruhig und ausgeglichen. Aber wie ich schon bei vielen Fällen erleben hatte müssen, wusste ich, wie schwierig es für drogenabhängige Menschen ist, vom Gift wegzukommen. Marcella war zwar eine intelligente Frau, aber ihr Job hatte sie labil gemacht. Und das ist eine denkbar schlechte Ausgangslage, wenn man vorhat, clean zu werden.

Gegen Mittag versuchte ich Manuela zu erreichen. Ich

wollte mich bei ihr entschuldigen, dass ich sie in der Früh so blitzartig verlassen hatte müssen.

Als hätte sie am anderen Ende der Stadt meine Gedanken erraten, läutete gerade in dem Moment mein Handy, als ich ihre Nummer wählen wollte.

„Hallo, mein Liebling, größere Probleme zu Hause gehabt?“, säuselte sie mit einer unwahrscheinlich erotischen Stimme, dass ich mich nicht mehr zu rühren vermochte. Ich bin kein Machotyp, aber es hatte noch keine Frau geschafft, mich so einzulullen. Normalerweise war ich immer der starke, unantastbare Typ, der sich nur schwer verliebte, aber bei Manuela musste ich verdammt aufpassen, um nicht Dienst und Privatleben zu vermischen.

„Nein, war nicht so schlimm, sie hat sich bald beruhigt“, stammelte ich ins Telefon.

„Stör ich dich gerade, soll ich später noch einmal anrufen?“, fragte sie wieder in ihrer unnachahmlichen Art, und ihre verständnisvolle Frage berührte mich angenehm. Schließlich hat selten jemand so viel Einfühlungsvermögen.

„Nun ja, ein bisschen stressig ist's schon, ich ruf dich in ein paar Minuten zurück“, meinte ich und legte auf.

Ein bisschen Zeit brauchte ich jetzt unbedingt, um meine Gedanken zu ordnen. Warum fragte sie mich, ob sie mich gerade störe? Sollte ich ihr gesagt haben, was ich beruflich mache?

Das ließ sich leicht feststellen! Also rasch ihre Nummer gewählt – „Hallo, mein Bärli“, hauchte sie. Von dieser Sekunde an war ich freiwillig ihr Gefangener.

„So, jetzt geht's endlich“, erklärte ich ihr kurz.

„Mein armer Schatz, wie kann ich dich ein bisschen ablenken von deiner bösen, bösen Arbeit?“

Ich zerfloss förmlich bei so viel Mitgefühl und fragte sie, ob sie denn so genau wisse, wie böse meine Arbeit sei.

„Mach dir keine Sorgen, ich habe schon gewusst, was du machst, als ich dich das erste Mal sah. Es ist o.k. Wickerl, das Schwein, gehört sowieso weg vom Fenster und das Gift auch. Ich bin ja so stolz auf dich, wie du das Ganze durchgezogen hast. Du kannst mir voll vertrauen, ich verrate dich nicht, sonst hätte ich das schon längst tun können. Ich habe diese Arbeit bei Wickerl nur vorübergehend angenommen. Ich verdiene dort nicht schlecht. Ich bin auch froh, wenn er einmal weg ist, und ab Juli kann ich wieder meinen alten Beruf in der Anwaltskanzlei aufnehmen."

Ich muss gestehen, eine so perfekte Frau hatte ich in meinem ganzen Leben noch nicht kennen gelernt, ich war völlig hingerissen von Manuelas Persönlichkeit. Und mein Instinkt hatte auch dieses Mal Recht behalten: nämlich dass diese Frau nicht unwesentlich zum Gelingen der Aktion beitragen werde.

„Wann sehen wir einander?", fragte sie sehnsüchtig. Ich schlug ein Treffen für den nächsten Tag vor. „Also dann, bis morgen!"

Ich schwebte fast im siebenten Himmel und so verging der Tag sehr schnell. Gegen fünf Uhr nachmittags fuhr ich nach Hause. Gabriela hatte sich wieder beruhigt und wir verbrachten den Abend vorm Fernseher. Ohne besondere Vorfälle.

Dienstag, 05.00 Uhr Früh
Eine unruhige Nacht liegt hinter mir. Ich kann nicht mehr schlafen. Zu viele Gedanken schwirren mir im Kopf herum. Heute ziehen wir es durch! Dieser Gedanke durchzuckt mich

wie ein Blitz. Im selben Augenblick krampft sich mein Magen zusammen. Ein Nervenkitzel der besonderen Art steht mir heute bevor! Ich stelle mich unter die Dusche. Das heiße Wasser tut gut und weckt meine Lebensgeister. Ich denke an Wickerl. Ob er um diese Zeit noch munter ist? Egal, ich werde ihn einfach anrufen.

Schon nach wenigen Klingelzeichen hebt er ab, im Hintergrund kann ich die Barmusik hören.

„Ja hallo, du, ich komme gerade aus Salzburg und habe genauso wenig wie du geschlafen. Es ist alles in Ordnung, wann können wir uns treffen?"

„Hallo, schlimma Bua, nau endlich, ich hab schon gewartet. Wenn du willst, heute Mittag im vereinbarten Lokal."

„Ja, sagen wir um zwölf?"

„Guat, Burli, bis später!"

Weiter geht's!, sage ich zu mir und spüre, wie die Anspannung von jeder Faser meines Körpers Besitz ergreift.

07.00 Uhr

Auf dem Weg ins Büro rufe ich meinen Chef an und erzähle ihm vom bevorstehenden Scheinkauf.

„Wie du meinst, aber wir haben doch ausgemacht, dass du noch ein bisschen warten solltest", sagt er vorwurfsvoll.

„Das stimmt, aber es hat sich heute Morgen so ergeben. Wickerl steigt voll darauf ein. Wozu sollen wir zuwarten?"

„Dann übernehme ich die ganze Prozedur mit dem Sicherheitsbüro und du kommst her", ordnet er an.

In unserem Büro besprechen wir noch die letzten Details und machen uns zur geplanten Aktion fertig.

10.30 Uhr. Abholung des Vorzeigegeldes von der Bank

Das Paket mit den 300.000 Schilling verstaue ich unter dem Beifahrersitz.

11.30 Uhr. Wien-Westbahnhof und Umgebung
Das Observationsteam und die Kriminalisten vom Sicherheitsbüro beziehen Stellung.

11.50 Uhr. Wien-Westbahnhof, auf dem Parkplatz in der Nähe des Gürtels
Ich sitze in meinem Auto, das unter Observation steht. Jetzt steige ich aus und gehe langsam in Richtung Café Westend. Das Team folgt mir in angemessener Entfer-nung und behält mich im Auge.

11.55 Uhr. Café Westend
Der Adrenalinspiegel steigt nun rapide und ich zittere leicht. Im geräumigen, sehr gut besuchten Lokal kann ich drei Kollegen beim Kaffeetrinken erkennen. Sie befinden sich schon seit einer Dreiviertelstunde im Lokal und erkunden von ihren Tischen aus die Lage.

Ich setze mich an einen freien Tisch und nehme mir eine Zeitung. Jede Zeile lese ich mindestens fünfmal, bevor ich ihren Sinn überhaupt erfasse. Ein deutliches Zeichen meiner Nervosität.

12.00 Uhr
Da ich Blickkontakt mit dem in der Nähe der Eingangstür sitzenden Kollegen habe, kann ich von ihm einen versteckten Wink wahrnehmen. Er signalisiert mir Wickerls baldiges Eintreffen.

Die Außenobservanten haben Wickerl schon gesehen, als er sein Auto an der Ecke Mariahilfer Straße/Kaiserstraße einparkt. Über Funk geben sie ihre Beobachtung an den genannten Kollegen bei der Türe durch. Ich verschwinde hinter meiner Zeitung und hätte viel darum gegeben, in diesem Augenblick nicht anwesend zu sein. Eine ganz normale Reaktion meiner

Nerven. Reiß dich zusammen!, versuche ich mich selbst zu beruhigen und meine Nervosität in den Griff zu bekommen. Ich bestelle ein kleines Bier, das wird mir jetzt gut tun.

„Seavas, schlimma Bua, wia geht's?", sagt Wickerl, der plötzlich vor mir steht.

Ich erhebe mich und wir umarmen uns brüderlich. Dabei flüstere ich ihm ins Ohr: „Alles o.k.?"

„Na sicher, bei dir a?", fragt er zurück.

„Ja sicher!"

Wir setzen uns und üben uns erst einmal in Smalltalk zur Beruhigung unserer Nerven.

„Kumm, ziagn ma's duach", kommt Wickerl nach einer Weile ohne Umschweife zum eigentlichen Grund unseres Treffens und bezahlt die Getränkerechnung. „Geh mit und schau dir die Ware an. Es ist dieselbe wie immer", sagt er betont gelassen, so als würde er ein paar Äpfel verkaufen.

Wir stehen auf und gehen zu seinem Auto.

Um diese Zeit ist sehr viel los auf der Straße und meine Observanten haben keine Mühe, sich unauffällig in unserer Nähe aufzuhalten. Wir setzen uns in Wickerls neuen E-Klasse-Mercedes. Jetzt kann ich auch einige meiner Kollegen sehen, die sich dem Auto nähern. Aber solange ich kein „Zugriffszeichen" gebe, werden sie nicht einschreiten. Wickerl könnte mir ja etwas ganz anderes zeigen und dann wäre die Aktion geplatzt.

Vielleicht hat Wickerl die Ware gar nicht im Auto, sondern sicherheitshalber irgendwo zwischengelagert!, durchzuckt es mich. Doch da greift er wortlos unter seinen Sitz und holt einen Nylonsack hervor. Dieser ist prall gefüllt mit weißen Steinen.

„Muss ich es wiegen oder passt's?", frage ich frech, worauf Wickerl nur meint: „Es ist o.k., beim nächsten Mal kannst auch mehr haben."

„Na gut. Bitte zahlen, Herr Ober!", sage ich und lache

triumphierend. „Komm, gehen wir zu meinem Auto, dort ist das Geld."

Beim Aussteigen kann ich in Wickerls Hosenbund seine 357er erkennen. Jetzt heißt es doppelt vorsichtig sein!

Ich steige langsam aus und deute meinen – als Bauarbeiter verkleideten – gerade „zufällig" vorbeigehenden Kollegen, dass Wickerl eine Kanone bei sich trägt.

Die Wagentür auf meiner Seite ist noch nicht zu und Wickerl wartet bereits sichtlich nervös. Er will mit der Fernbedienung sein Auto verschließen und steht auf der anderen Wagenseite. Die Ware habe ich mittlerweile bei mir.

Aufgrund des dichten Gedränges auf der Mariahilfer Straße und wegen Wickerls Bewaffnung können die Kollegen nicht aktiv werden. Zu leicht könnte es zu einem Schusswechsel kommen und Unbeteiligte dabei verletzt oder gar getötet werden.

Wir gehen also in Richtung Parkplatz am Westbahnhof, wo sich weniger Leute befinden. Das Wetter ist sehr warm und ich schwitze bereits übermäßig. Mein T-Shirt klebt mir am Oberkörper und ich versuche es ein wenig wegzuhalten, um mir frische Luft zur Abkühlung in den Ausschnitt zu blasen – da geschieht es.

Ein dumpfes Geräusch ... und Wickerl wird mit voller Wucht etwa zwei Meter vorwärts geschleudert. Seine Kanone schlittert seitlich davon und er kommt auf dem Bauch zu liegen. In Sekundenschnelle knien drei Kriminalbeamte auf ihm, drehen seine Arme auf den Rücken und legen ihm Handschellen an.

Menschen strömen aus allen Richtungen zusammen und beobachten uns aus sicherer Entfernung. Wickerl hebt seinen Kopf und sieht mich durchdringend an. „Also, mei schlimma Bua is a Scheißkiewara?", sagt er voll Verachtung. Ich fühle mich in diesem Augenblick richtig schlecht. Schließlich habe* *ich mir sein Vertrauen erschlichen und ihn schwer enttäuscht. Besser wäre es für mich gewesen, wenn auch ich festgenommen worden wäre oder ich mir den Anschein gegeben hätte, als wäre ich mit Müh und Not entkommen. Aber es war alles zu schnell gegangen. Und spätestens bei der Gerichtsverhandlung hätte Wickerl herausgefunden, dass ich als Undercover in sein Lokal eingeschleust worden war, um ihn auffliegen zu lassen. Das österreichische Rechtssystem lässt die Verheimlichung dieses Umstandes nicht zu. Sogar Marcellas Rolle muss im Gerichtsakt offen gelegt werden, egal welche Gefahr das für sie bedeuten mag. Abgesehen davon hat Wickerl sofort erkennen können, dass Marcella mitgespielt hat.*

Ich wende mich von Wickerl ab und verschwinde in der Menge. Mein Chef wartet in sicherer Entfernung auf mich und übernimmt das Päckchen Kokain.

„Gratuliere, gute Arbeit! Wir treffen uns in einer halben Stunde im Café Metternich *zur Nachbesprechung."*

Eine kurze Verschnaufpause, dann rufe ich Gabriela an und erzähle ihr vom positiven Ausgang der „Operation Marcella".

„Jetzt ist dir wieder leichter, gell?!", meint sie spitz. „Hoffentlich gibst du jetzt wieder einige Zeit Ruhe."

„Ja, alles o.k., ich bin wieder normal", erwidere ich erleichtert und zufrieden.

Die folgenden Tage verliefen sehr ruhig und ich konnte mich eine Weile auf meinen Lorbeeren ausruhen. Manuela sah ich fast jeden Tag und wir verbrachten einige schöne Stunden miteinander. Ich konnte mir nun nicht mehr einreden, dass unsere Treffen dienstlichen Charakter hätten. Das ständige Versteckspiel im täglichen Um-

* Gaunersprache; Kieberer = Polizist

gang mit Leuten aus dem Rotlicht- und Suchtgiftmilieu hatte für mich die Grenze zwischen Wahrheit und Lüge immer mehr verwischt. Anfänglich unbemerkt hatten die Halbwahrheiten und Heimlichkeiten auch in meinem Privatleben Einzug gehalten. Gabriela war die Leidtragende.

Marcella rief mich zwei Wochen später an. Sie sei wieder in Wien und arbeite bereits in einer anderen Bar. Kokain würde sie nur manchmal nehmen und es gehe ihr recht gut. Vor Wickerl habe sie auch keine Angst. Sie fühle sich in gewisser Weise unter Polizeischutz. Das würde Wickerl von Racheaktionen abhalten. Mir konnte sie nichts vormachen. Sie war längst wieder in ihren alten Trott verfallen. Vom versprochenen Geld für ein neues Leben hatte sie nichts gesehen. Es stünde zu wenig Geld zur Verfügung, hieß es, und Marcellas Rolle wurde nicht für so wichtig erachtet, um Unterstützung vom Innenministerium zu bekommen. Manchmal war das alles eine verdammte Scheiße, mit der ich zu tun hatte. Mehr als meinen Vorgesetzten auf die Nerven zu gehen, um für Marcella Geld zu bekommen, konnte ich nicht tun. Zumindest hatte ich ihr geholfen von Wickerl wegzukommen.

Wickerl bekam achtzehn Monate unbedingte Haftstrafe und wurde in die Justizanstalt Hirtenberg überstellt. Die Strafe fiel deshalb so milde aus, weil er erstmalig mit Suchtgift aufgefallen war.

Der Wikinger

Es war an einem Wochenende kurz vor Mitternacht, da läutete mein Handy. Gabriela schlief.

„Oh, ich hoffe, ich habe dich nicht geweckt?“, fragte mein Zund* Helmut. Er war einer meiner verlässlichsten Informanten.

Innerhalb des halben Jahres, seit wir in Kontakt standen, hatte er mir den Zutritt in zwei Suchtgiftclans verschafft. Sieben Verhaftungen von Dealern und die Beschlagnahmung von mehreren Kilo Rauschgift war der Erfolg unserer Zusammenarbeit. Er rief immer nur dann an und wollte jemanden „auflegen“, wenn bei ihm der Hut brannte. Sei es, weil er glaubte, kurz vor seiner Verhaftung zu stehen, sei es, dass er irgendjemand aus dem Weg räumen wollte, der sein Geschäft störte.

„Ich hätte etwas Interessantes für dich, wann hast du Zeit?“, wollte er wissen. Er schien in ziemlich aufgekratzter Stimmung zu sein.

„Jetzt sicher nicht, mein Lieber, schau auf die Uhr. Normale Menschen schlafen schon um diese Zeit“, antwortete ich ihm.

„Ja, ich weiß, aber da ich dich ja auch schon ein biss-

* Informant oder V-Mann

chen kenne, weiß ich, dass *du* nicht normal bist; und wenn es um *deine* Arbeit geht, wirst *du* sicher Zeit für mich finden, oder?"

Er hatte Recht. „Ja, also dann. Wo bist du? Wann treffen wir uns?", fragte ich grantig.

„In einer halben Stunde im *Puerto* am Rudolfsplatz."

Möglichst leise kroch ich aus dem Bett und schloss hinter mir die Schlafzimmertür. An Gabriela richtete ich noch einen kurzen Brief, um sie über den Grund meines plötzlichen Verschwindens zu informieren.

Jetzt fahre ich nicht extra zum Büro und tausche das Auto, dachte ich. Schließlich stand kein „Tätertreff" in Aussicht, sodass mich mein Wagen und mein Kennzeichen verraten hätten können.

Am Rudolfsplatz tummelten sich unzählige Leute. Ich fuhr 15 Minuten lang im Kreis, bis ich endlich einen Parkplatz fand, wenngleich sich dieser in einer Verbotszone befand.

Vor dem *Puerto* wartete Helmut schon auf mich und ließ, ohne sich erst mit einer Begrüßung aufzuhalten, gleich einen Redeschwall auf mich los. Helmut ist ein für Wien typischer Kleinkrimineller. Seit seiner Jugend weiß er nicht, was ehrliche Arbeit ist. Bei krummen Dingen ist er stets dabei – wenn sie nur genug Profit abwerfen. Die Strizzi-Ehre hält er hoch, wie fast alle anderen Kriminellen auch. Die einzige Ausnahme ist die, wenn es um seinen eigenen Kopf oder Vorteil geht. Da ist er skrupellos.

„Also", fing Helmut jetzt zu erzählen an, „es gibt da einen Typ, den ich vor Wochen kennen gelernt habe. Handelt in großem Stil mit Ecstasy. Der ist jetzt im *Puerto*. Das Beste wird sein, ich stelle dich als meinen Geschäftspartner vor. Du arbeitest für eine Import-Export-Firma. Alles klar?" Das war die übliche Masche, mit der mich

Helmut bei Ganoven einführte, die er selbst aus dem Weg haben wollte – wenn sie ihm im Weg standen. Dass er sich auf diese Weise keine Freunde schuf, störte ihn nicht. Es war Helmut auch nicht unbekannt, dass die anderen Unterweltler von seiner Rolle als Polizei-Zund wussten.

Ich überließ Helmut die Führung und folgte ihm ins Lokal. Wir stellten uns erst einmal an die Bar.

Jetzt kam unser Zielobjekt auf Helmut zu und begann mit ihm ein Gespräch. Der Mann war gut zwei Meter groß und von grobschlächtiger Statur. Sein langes rotes Haar hing ihm bis auf die Schultern herab und sein roter Bart erinnerte mich an Obelix. Fehlte bloß noch ein Helm mit zwei Hörnern und man hätte glauben können, einen Wikinger aus früheren Tagen vor sich zu haben.

Ich versuchte etwas von dem Gespräch der beiden mitzubekommen, was mir aber infolge der Lautstärke im Lokal nicht ganz glückte.

Nun wandte sich Helmut mir zu und stellte mir den „Wikinger" vor. Wir schüttelten einander die Hand und wechselten ein paar Worte. Ich muss gestehen, er machte einen fast sympathischen Eindruck auf mich. Bei gewissen Phrasen fiel mir jedoch bald auf, dass er nicht gerade der Hellste war. Binnen kürzester Zeit kamen wir auf die Modedroge „Ecstasy" zu sprechen. In möglichst gelangweiltem Ton ließ ich ihn wissen, dass ich für die Disco meines Bruders einiges von der Ware benötigte.

„Kein Problem, wie viel brauchst du?", fragte er mich.

Diese Antwort traf mich unvorbereitet. Ich hatte nicht damit gerechnet, so schnell zum Wesentlichen vorzudringen. Helmut hatte ganze Arbeit geleistet und das Geschäft hervorragend vorbereitet, sodass ich nur noch zum Schein die Kaufverhandlung zu führen hatte.

„1000 Stück, wenn die Qualität passt."

„Wann und wo? Ich verlange 80 Schilling pro Stück", meinte der Wikinger sorglos. Dies erstaunte mich aufs Äußerste. Denn kein Krimineller kommt mit einem Unbekannten so schnell ins Geschäft. Ein ungutes Gefühl beschlich mich. Es ging mir das Ganze einfach zu glatt ab. Ich schaute Helmut von der Seite fragend an. Der grinste nur. „Na, wie bin ich? Hab ich das gut gemacht? Sag ja!", bedeutete sein Blick.

„Gut, morgen um 11.00 Uhr treffen wir uns am Hohen Markt. Ich hab die Kohle gleich dabei", sagte ich zum Wikinger.

„Alles klar. Also dann, bis morgen. Muss noch alles vorbereiten", meinte er zum Abschied und ging.

Ich gab Helmut heimlich ein Zeichen, damit er ihm unauffällig folgte. Es war wichtig für uns, sein Kennzeichen aufzuschreiben um herauszufinden, mit wem wir es zu tun hatten.

Helmut grinste wieder überlegen und schob mir einen Zettel zu, auf dem Folgendes stand: schwarzer 7er BMW, Kennzeichen W-...! Alle Achtung! Er hatte ganze Arbeit geleistet und ich war richtig stolz auf ihn.

Ich rief meinen Chef an und klärte ihn über den neuen Fall auf.

Am nächsten Tag, 11.00 Uhr. Hoher Markt
Ich glaube nicht an das Zustandekommen dieser Aktion. Alles ist einfach zu schnell gegangen. Dementsprechend gelassen verhalte ich mich auch. Unsere Recherchen haben ergeben, dass es sich beim Wikinger um einen zwölffach vorbestraften Gewalttäter handelt. Er gehört nicht gerade zu den sanftmütigsten Menschen. Einem Nebenbuhler hat er den Schädel eingeschlagen. Der überlebte sogar, allerdings mit einigen be-

trächtlichen geistigen Behinderungen. Seither kann der Typ nicht mehr sprechen. Und ohne fremde Hilfe nicht einmal den Löffel zum Mund führen. Menschen wie unser Wikinger zerbrechen sich über derlei jedoch nicht den Kopf.

Ich bestelle mir eine Käsekrainer. Von hinten tippt mich jemand an. Es ist der Wikinger.

„Bist hungrig?", fragt er mich. Jetzt, bei Tageslicht, kann ich sein zerfurchtes, blasses Gesicht genauer betrachten. Es zeigt ziemlich brutale Züge, was mir gestern nicht aufgefallen ist.

Trotzdem bleibe ich ruhig und erkundige mich, ob alles in Ordnung sei.

„Ja sicher. Hast du das Geld?", fragt er ohne Umschweife.

„Klar. Willst es sehen?", gebe ich zurück und er nickt mit dem Kopf. Also verschlinge ich hastig mein Essen. Dann gehen wir zu meinem Auto, worin ich das Geld deponiert habe.

„Da bitte, willst es nachzählen?"

„Nein, nein, ich glaub dir schon", winkt der Wikinger ab.

„Wo sind denn nun die Blödmach-Tabletten?"

Er greift in seine Jacke und öffnet eine Blechdose. Auf den Tabletten kann ich einen Kasperlkopf erkennen, was für die Echtheit spricht. Ein Schnelltest ist bei Ecstasy-Tabletten nicht möglich, sodass ich jetzt das vereinbarte Zugriffszeichen gebe und einigen Abstand vom Wikinger halte.

Ich tue so, als würde ich die Tabletten genauer besichtigen, und kann schon aus den Augenwinkeln heraus die herbeieilenden und sich hinter geparkten Autos anpirschenden Kriminalbeamten erkennen. Ruck, zuck und schon liegt der Riese auf dem Boden. Handschellen werden ihm angelegt, wobei er fürchterlich schreit und sich wild zur Wehr setzt. Insgesamt sechs Kollegen versuchen ihn zu bändigen. Sogar seine Beine werden ihm verschnürt, sodass ihn nach einigen Augenblicken die Kräfte verlassen und er ruhig liegen bleibt.

„Dich erwisch ich schon noch, du miese Bullensau, dann frisst deine eigene Zunge!“, geifert er, bevor er abtransportiert wird. Was er meinem Zund alles androht, will ich noch weniger gern erleiden …

Weil er erstmalig als Suchtgiftdealer straffällig geworden war, bekam er zwölf Monate unbedingte Haftstrafe und saß sie im Landesgericht in Wien ab.

Die Zeit verging. Eines Abends saß ich mit Freunden und Gabriela in einem gemütlichen Gastgarten eines Lokals in der Wiener Vorstadt.

Ich muss gestehen, ich bin in gewisser Weise zweckpessimistisch veranlagt, sodass ich mir fast nie einen Augenblick der völligen Entspanntheit gönne. Jedes Mal wenn mir etwas Positives widerfährt, denke ich in der nächsten Sekunde daran, dass gleich etwas Unangenehmes passieren könnte. Das ist nichts anderes als eine Art von geistigem Selbstschutz, denn so kann man nie enttäuscht werden.

Mag sein, dass es sich hierbei um einen Schaden in meiner Psyche handelt, aber es soll nichts Ärgeres sein.

Wir sitzen also gemütlich beisammen und besprechen die Details unseres bevorstehenden Italienurlaubs.

Seit fünfzehn Jahren fahren wir immer an denselben Ort. Auch der Ablauf ist im Grunde immer derselbe: Abfahrt in der letzten Maiwoche, gegen 5.00 Uhr morgens. In rasendem Tempo geht es ohne Pause bis Grado. Das Frühstück genießen wir gegen 10:00 Uhr bereits bei Giovanni in der Fußgängerzone. Anschließend werden hektisch die Koffer in unserer „Villa Luna“ ausgeräumt, damit wir bis zum späten Nachmittag noch etwas vom versäumten Schlaf nachholen können.

Dann steht Pizzaessen bei Carlo auf dem Programm und vorgezogene Nachtruhe, denn der nächste Tag soll uns ausgeruht am Pool oder am Strand finden. Bald jedoch beginnen die üblichen Zwistigkeiten und das Gemecker von wegen „Das schmeckt mir aber nicht" und „Dorthin mag ich heute nicht gehen" usw. usw. Irgendwann haben alle Beteiligten die Nase gestrichen voll und sehnen die Heimfahrt herbei. – Trotzdem freue ich mich jedes Jahr aufs Neue auf den gemeinsamen Urlaub mit meinen Freunden.

Grundsätzlich wähle ich in jedem Lokal meinen Platz so, dass ich den Eingang im Auge behalten kann. So auch heute. Während meine Portion Schinkenfleckerl zusehends kleiner wird und ich dem Wein zuspreche, sehe ich aus den Augenwinkeln, wie das schwere Holztor des Wirtshauses aufgeht. Drei sichtlich angeheiterte Pärchen, die sich lauthals im ärgsten Dialekt unterhalten, setzen sich an einen reservierten Tisch. Unser Kellner, ein sehr zuvorkommender Mann, geht zu ihnen hinüber und bittet sie höflich den Tisch zu verlassen, da er für andere Leute reserviert sei. Man kann dem Kellner und dem herbeigeeilten Juniorchef ansehen, dass sie nicht gerade hocherfreut über die neuen Gäste sind. Mit vereinten Kräften versuchen sie diese aus dem Lokal hinauszukomplimentieren.

Keine Chance. Die Antworten der neuen Gäste möchte ich hier lieber nicht wiedergeben. Jedenfalls scheint den Neuankömmlingen gesellschaftsfähiges Betragen ein absolutes Fremdwort zu sein.

Widerwillig bringt der Kellner die georderten Getränke.

Die drei Frauen haben alle blond gefärbte Haare, denen ein ordentlicher Schnitt gut tun würde. Eine von ihnen ist sogar recht hübsch. Ihre männlichen Begleiter kennzeichnet übergroßer Wuchs. Auch sie haben lange blonde bzw. rote Haare. Sie tragen T-Shirts, deren Ärmel hochgekrempelt sind, sodass sie den Blick auf ihre durchtrainierten Muskeln freigeben.

Tiefblaue und bunte Tätowierungen schmücken ihre überdimensionalen Bizepse. Der Bogen spannt sich von Totenköpfen bis zu blutrünstig wirkenden Drachen. Am schlimmsten gebärdet sich der Typ mit den roten Haaren. Er fällt nicht zuletzt dadurch sofort auf, dass eine riesengroße tätowierte Träne an einer seiner Wangen die Aufmerksamkeit des Betrachters auf sich zieht.

Wie kann man sich nur so verunstalten?!, denke ich für mich, während meine Freunde über die Abfahrtszeit nach Italien diskutieren. Der Mensch ist von Gewalt und Suchtgift schwer gezeichnet. Während ich so dasitze und den Mann selbstvergessen studiere, fällt mir plötzlich auf, dass auch er mich anstarrt.

Hoppla! Eine vage Erinnerung steigt aus meinem Unterbewusstsein hoch und nimmt langsam klarere Konturen an. Um Himmels willen, das darf nicht wahr sein! Wie ein Blitz durchzuckt mich die Erkenntnis: der Wikinger!

Es ist *der Wikinger, nur diesmal ohne Bart. In Sekundenschnelle erhöht sich mein Adrenalinausstoß um ein Vielfaches, jedoch nicht auf die gewünschte Art. Von meinen Freunden kann ich in diesem Fall keine Unterstützung erwarten. Sie sind keine Polizeikollegen, keine Karatekämpfer, keine Draufgänger, die vor einer handfesten Rauferei nicht zurückschrecken. Ich bin also ganz auf mich allein gestellt. Ich drehe meinen Kopf langsam zur Seite und tue so, als würde ich den Typ nicht kennen. Der Aprilnachmittag ist nicht sehr warm, es hat erstaunlich wenig Plusgrade. Trotzdem spüre ich, wie mir von den Schläfen der Schweiß perlt. Mir ist alles andere als wohl in meiner Haut. Mit einem Mal fällt mir der Typ ein, dem der Wikinger den Schädel zertrümmert hat. Und die Drohung, die er bei seiner Festnahme ausgestoßen hat. Nein, mit diesem Typ ist wahrlich nicht zu scherzen! Verdammt, warum habe ich meine Kanone nicht mit! Nur nichts anmerken lassen!, denke ich mir und zwinge mich, meinen Blick nicht mehr in seine Richtung schweifen zu lassen.*

Mit zunehmender Dämmerung sinkt die Temperatur, bis es zu ungemütlich wird, um noch weiter im Freien sitzen zu bleiben. So entscheiden wir uns für Sitzplätze im Lokal. Es kommt fast einer Hinrichtung gleich, jetzt aufstehen zu müssen und damit die Aufmerksamkeit des Wikingers auf mich zu lenken. Ich zögere unseren Umzug noch ein wenig hinaus, aber als schließlich alle anderen bereits vor Kälte zittern, muss ich mich in mein Schicksal ergeben. Ich schlüpfe in meine Jacke, stelle den Kragen auf und ziehe den Kopf wie eine Schildkröte ein.

Ein Augenpaar verfolgt mich magisch, ich kann es direkt fühlen, gleichzeitig vernehme ich Getuschel vom Tisch der drei Pärchen. Schnellen Schrittes gehe ich, hinter meinem Jackenkragen gut versteckt, in der Mitte meiner Begleiter in Richtung Gaststube. Geschafft! Drinnen setzen wir uns an einen etwas abseits gelegenen Tisch. Soll ich Verstärkung anfordern? Aber mit welcher Begründung? Nein, die Kollegen würden sich nur über mich lustig machen.

Einige Minuten verstreichen und draußen bleibt alles ruhig. Ich atme innerlich auf und lasse mir die ausgestandene Angst vor meinen Freunden nicht anmerken; ich will sie schließlich nicht in Panik versetzen.

„Warum bist du plötzlich so still?", fragt Gabriela, der mein verändertes Verhalten aufgefallen ist. Ich tue so, als hätte mein plötzliches Schweigen keinen besonderen Grund. Um meine innere Unruhe zu unterdrücken, trinke ich ein Viertel Wein in schnellen Zügen hinunter und warte auf die befreiende Wirkung. Als sie endlich einsetzt, kann ich mich wieder gelöster geben.

Vielleicht hat er mich nicht erkannt, versuche ich mir einzu-

reden und ihn aus meinem Kopf zu verbannen. Und wenn doch, dann muss ich ihn gleich sehen, sobald er das Lokal betritt. Aber die Zeit verstreicht und er lässt sich nicht blicken. Sollte der Wikinger mit seiner Clique immer noch draußen sitzen? Das halte ich doch für ziemlich unwahrscheinlich. Na ja, man kann nie wissen, vielleicht schlafen sie auch im Freien. Ich muss jedenfalls genau auf die Umgebung achten, wenn wir das Lokal verlassen.

Noch einmal Glück gehabt, Sportsfreund!, denke ich und kann nicht umhin, mir Gedanken über meinen Job zu machen. Über die Jahre haben sich Beruf und Privatleben immer mehr vermischt; eine strikte Trennung wie in vielen anderen Berufen ist bei mir völlig ausgeschlossen. Früher ist mir das nie so bewusst geworden wie eben in diesem Augenblick. Mein privates Umfeld hat unter meiner Arbeit in verschiedener Hinsicht zu leiden; nicht nur, dass ich aus beruflichen Gründen immer wieder Versprechen nicht halten kann, muss besonders Gabriela oft um mich zittern; und dann bringe ich sie und meine Freunde auch noch in Gefahr, ohne dass sie es wissen. – Schluss jetzt mit der Grübelei!, ermahne ich mich selbst. Immerhin muss ich darauf gefasst sein, irgendwann einmal auch in meiner Privatzeit mit Kriminellen konfrontiert zu werden.

Das schlechte Gewissen treibt mich dazu, die gesamte Rechnung zu übernehmen und zum Aufbruch zu drängen. Beim Hinausgehen werfe ich einen kurzen Blick in den Gastgarten. Er ist bereits leer. Erleichtert atme ich tief durch. Auch draußen auf der Straße ist weit und breit nichts vom Wikinger und seinen Leuten zu sehen. Wir verabschieden uns voneinander und gehen zu unseren Autos.

Das Lokal befindet sich ziemlich genau am anderen Ende von Wien und so haben wir noch einen weiten Weg bis nach Hause. Von Strebersdorf kommend biege ich in die Prager Straße ein, denn ich will nicht über die Stadtautobahn fahren.

Die Straße ist um diese Zeit nicht stark frequentiert und so fällt mir bei einer roten Ampel im Rückspiegel ein alter Chevrolet Blazer auf. Der Auspuff gibt ein dumpfes, lautes Geräusch von sich, was ich deutlich hören kann, als der Wagen dicht hinter unserem stehen bleibt.

„Der will in unserem Kofferraum mitfahren", sage ich zu Gabriela und fahre los. Der Chevy klebt gefährlich an meiner Stoßstange, obwohl er leicht überholen könnte, zumal die Prager Straße an dieser Stelle zweispurig verläuft. Da mich die Scheinwerfer des hinter uns fahrenden Autos aufgrund des minimalen Abstands nicht blenden, mache ich einen Blick ins Innere des Chevy.

Ich erstarre. Am Steuer sitzt einer der drei Männer von vorhin, am Beifahrersitz der Wikinger. Die übrigen Fahrzeuginsassen gestikulieren wild und rutschen auf den Sitzen unruhig hin und her. Es brodelt und gärt förmlich in dem Gefährt hinter uns. Mir bleibt nun keine andere Wahl, ich muss Gabriela von meiner Begegnung im Gastgarten berichten.

„Das sagst du mir erst jetzt?! Wenn ich das vorher gewusst hätte, wäre ich schon längst gegangen oder mit dem Taxi nach Hause gefahren!" Gabrielas Stimme hat einen ängstlichen und gleichzeitig vorwurfsvollen Unterton.

Meine Knie beginnen leicht zu zittern. Das Durchtreten der Kupplung lässt mein Auto hopsen. Sie haben mich observiert. Ich Anfänger! Sonst bin immer ich derjenige, der die bösen Buben nicht aus den Augen lässt. Ich ärgere mich über mich selbst, dass ich es nicht bemerkt habe.

„Ich wollte dich nicht beunruhigen, außerdem konnte ich nicht wissen, dass er mich wirklich erkannt hat. Mach mir jetzt bitte keine Vorwürfe, ich muss mich voll konzentrieren, also gurte dich an."

„Na ganz toll! Was heißt ‚Gurte dich an', was hast du denn vor? Ich pfeif auf dich und deinen dreckigen Job! Entweder

lässt du dir bald eine andere Arbeit bei der Polizei einfallen oder du kannst dir eine andere Frau suchen!", faucht mich Gabriela ganz böse an. Gerade jetzt muss sie mir so kommen!

Noch immer fahren wir auf der Prager Straße stadteinwärts. Bis jetzt haben wir die grüne Welle erwischt, aber was mache ich, wenn eine Ampel plötzlich rot ist oder ich verkehrsbedingt nicht weiterfahren kann?

„Bleib ganz ruhig, ich mach das schon!", sage ich zu Gabriela, die schon ziemlich tief in ihren Sitz gerutscht ist.

Vor der Unterführung der Nordbrücke setzt der immer noch hinter uns fahrende Chevy zum Überholen an und ich sehe und höre ihn dicht an meiner Seite. Zum Glück muss er jetzt bremsen, weil in der zweiten Fahrspur ein langsameres Auto unterwegs ist. Er fällt wieder hinter uns zurück. Was wollen sie denn mit dieser Aktion? Uns vermutlich von der Fahrbahn abdrängen.

„Was hast du vor? Ich würde es gerne wissen!", schreit Gabriela mich fast hysterisch an. Ich gebe ihr keine Antwort. Ich weiß es ja selbst nicht.

Für die Auffahrt auf die Nordbrücke sind zwei Abbiegespuren vorgesehen. Ich schalte den rechten Blinker ein und bleibe auf der rechten Fahrspur. Der Wikinger und seine Leute sind noch immer hinter uns, bleiben auf Tuchfühlung. Nicht zu überhören mit dem lauten, bedrohlichen Motorgeräusch. Ich selbst fahre einen ziemlich kräftigen Alfa Romeo, den ich jetzt einmal auf seine Bodenhaftung testen muss. Rund 50 Meter trennen uns noch von der Auffahrt auf die Brücke und meinem Stresshormon verdanke ich eine unglaubliche Konzentrationsstärke. Ein kurzer Blick in meinen linken Außenspiegel zeigt mir freie Bahn. Noch 20 Meter ... kein Gegenverkehr ... der Chevy folgsam hinter uns. Noch immer blinke ich zum Rechtsabbiegen und lasse unser Gefolge in dem Glauben, dass wir auf die Brücke auffahren wollen. Kurz vor dem Brücken-

pfeiler verreiße ich den Alfa nach links und mache eine Wende um 180 Grad, über die Sperrfläche, über die Straßenbahnschienen auf die Gegenfahrbahn. Dabei bricht mein Heck kurz aus und Gabriela schreit entsetzt auf – es klingt fast wie bei der Fahrt mit der Hochschaubahn im Wiener Prater.

Jetzt befinden wir uns wieder in der Richtung, aus der wir gerade gekommen sind. Der Chevy kann nicht mehr rechtzeitig abbremsen und kommt erst ca. 30 Meter auf der Auffahrtsrampe der Nordbrücke zum Stehen. Im Rückspiegel sehe ich die weißen Rückfahrlichter. In selbstmörderischer Weise schiebt der Wagen gegen die Fahrtrichtung retour! Weiter geht es! Ich schalte einen Gang zurück und rase wie vom Leibhaftigen verfolgt stadtauswärts.

Es gelingt mir, einen schönen Vorsprung herauszuholen. Gutes Auto! Ich gebe Vollgas und presche davon wie noch nie in meinem Leben. Die nächste Gasse biege ich bei Rotlicht rechts ab in Richtung Brünner Straße. In dieser kleinen Gasse habe ich schon ca. 200 Meter zurückgelegt, als im Rückspiegel die Scheinwerfer unserer Verfolger auftauchen!

Trotz Sicherheitsgurtes kniet Gabriela jetzt am Beifahrersitz und blickt durch die Heckscheibe. „Sie kommen schon wieder näher!", kommentiert sie leise. Plötzlich habe ich das Gefühl, dass ihr diese ganze Aktion ein bisschen gefällt.

„Nimm bitte mein Handy aus der Tasche", fordere ich sie auf. „Wähl 133 und gib es mir dann!" Warum, verdammt noch mal, ist mir das nicht schon früher eingefallen?!

„Polizei-Notruf", höre ich am anderen Ende der Leitung.

„Hallo, ich bin ein Kollege von der EBS und mit meinem Privatfahrzeug, Kennzeichen W-..., im 21. Bezirk, Brünner Straße unterwegs. Ich werde von einem blauen Chevy Blazer verfolgt, dessen Insassen mich als Undercover wiedererkannt haben. Ich glaube, die wollen mich lynchen, weil ich einen von ihnen schon einmal bei einem Scheinkauf überführt habe.

Ich komme jetzt gleich auf den Floridsdorfer Spitz", versuche ich ruhig und sachlich alle nötigen Informationen durchzugeben.

„O.k., Kollege, gib mir deinen laufenden Standort durch, ich schicke dir sofort ‚Bezirksfunkwägen', sagt der Polizist beim Notruf beruhigend zu mir.

Jetzt sind sie wieder dicht hinter uns. Ich habe keine Ahnung, wie man mit einem Chevy Blazer so schnell aufholen kann.

„Ich bin jetzt auf der Brünner Straße in Höhe Schlingermarkt, fahre noch immer stadteinwärts und werde jetzt schlimm bedrängt; der blaue Chevy rammt mich schon die ganze Zeit am Heck."

Und genau in diesem Moment trifft ein heftiger Stoß meinen Wagen von hinten. Das Heck bricht aus, das Auto dreht sich und bleibt quer zur Fahrbahn stehen. Der Chevy befindet sich schräg hinter uns. In leicht benommenem Zustand sehe ich, wie sich die Türen des Chevy öffnen und die drei Männer – an der Spitze der Wikinger – auf mein Auto zukommen. Vollgas im ersten Gang und nichts wie weg!, ist mein einziger Gedanke. Leider bekomme ich aufgrund des „Drehers" und meiner leichten Benommenheit nicht mit, dass der Motor mittlerweile abgestorben ist.

Gabriela wird es jetzt zu viel, sie beginnt hysterisch zu schreien.

„Wir stehen jetzt auf der Brünner Straße kurz vor dem Floridsdorfer Spitz und werden gleich in die Mangel genommen!", schreie auch ich jetzt ins Telefon.

„Es müssten gleich zwei Funkwagen eintreffen, die WEGA ist auch schon unterwegs, warum stehst du überhaupt?", fragt*

* Wiener Einsatzgruppe Alarmabteilung

mich jetzt der Kollege von der Notrufzentrale. Mir bleibt keine Zeit zu antworten. Mit dem linken Ellbogen aktiviere ich die Zentralverriegelung und versuche verzweifelt zu starten.

Anscheinend verträgt die Benzinzufuhr eines Alfa solche Walzerschritte nicht, denn er will nicht mehr anspringen.

Jetzt stehen die drei riesigen Typen neben meiner Fahrertür und grinsen zahnlos zu uns herein.

„Moch auf, du Scheißkiewara!", schreit der Wikinger, aber ich ignoriere ihn einfach.

„Es kommt uns gleich jemand auslösen", sage ich scherzhaft zu Gabriela, während der Wikinger mit dem Absatz seines Stiefels die Scheibe meiner Türe einzutreten versucht.

„Das wird teuer für ihn: schwere Nötigung, gefährliche Drohung, das ganze Register durch", versuche ich Gabriela zu beruhigen. Noch während ich das sage, zersplittert die Scheibe mit einem fürchterlichen Klirren und ein mit Eisenplättchen besetzter Stiefelabsatz schwingt ins Innere meines Alfa und trifft mich voll am Jochbein. Ein dumpfer Schlag – ich spüre nicht einmal Schmerzen.

Jetzt heißt es handeln! Verdammt, was mache ich bloß? Keine Waffe, dafür drei Typen, die mir körperlich weit überlegen sind. Als der Wikinger seinen Stinkestiefel aus dem Fenster meiner Fahrertüre ziehen will, stoße ich mit einem Ruck die Türe voll auf, sodass er, den Fuß noch immer im Fenster, das Gleichgewicht verliert und rücklings auf die Gleise fällt, auf denen wir uns befinden.

Die anderen beiden Typen stehen völlig verdutzt daneben und betrachten das Schauspiel ohne einzugreifen. Der Wikinger liegt wie ein Maikäfer auf dem Rücken – gänzlich ungedeckt – und ich führe einen Elfmeter in seine Breitseite aus.

„Und jetzt, du Missgeburt, was machst du jetzt? Ihr drei seid festgenommen!", brülle ich getreu dem Motto „Angriff ist die beste Verteidigung" und schaue gleichzeitig über die

Schulter zu Gabriela. Aus einiger Entfernung dringen die vertrauten Klänge von mehreren Folgetonhörnern an mein Ohr. Blaulicht ist auch schon zu sehen. Im Bewusstsein der eintreffenden Armee und der ausgesprochenen Festnahme fühle ich mich so sicher, dass ich kurz von meinem Opfer ablasse. Dieses rappelt sich blitzschnell auf, während die beiden Kumpels zu ihrem Chevy laufen. Plötzlich steht der Wikinger mit dem Gesichtsausdruck eines wilden Tieres vor mir. Bevor ich an Gegenwehr denken kann, donnert seine Rechte mit der Wucht eines Vorschlaghammers in mein Gesicht. Ich habe nicht den Funken einer Chance, dem Angriff auszuweichen. Ich fliege auf die Motorhaube meines Alfa und knalle mit dem Hinterkopf gegen die Windschutzscheibe. Jetzt kann ich nichts mehr sehen, höre aber das Quietschen von Reifen.

Gleich bringt er mich um, wenn ich ihn nicht mit dem Fuß erwische, denke ich verzweifelt. Aber kein Angriff erfolgt.

Ich höre lautes Schreien, Folgetonhörner und den Ruf: „Stehen bleiben, Polizei!" Jemand packt mich unter den Achseln, neben meinem Ohr dröhnt ein Funkgerät: Ich bin endlich in Sicherheit.

„Kannst du mich verstehen?", sagt jetzt ein uniformierter Kollege zu mir. Als ich versuche meine Augen zu öffnen, sehe ich vier oder fünf Funkwagen am Ort des Geschehens. Mit Hilfe eines Kollegen der Alarmabteilung rutsche ich vorsichtig von der Motorhaube und kann vor mir, wieder einmal auf dem Bauch liegend, den Wikinger erkennen. Er ist – welch ein gewohntes Bild! – bereits mit Handschellen gefesselt und schlägt wild um sich. Plötzlich gelingt es ihm, auf die Beine zu kommen, wird aber von den Polizeikollegen wieder auf den Boden geworfen. Die durchtrainierten und kampferprobten Kollegen der WEGA haben einige Mühe, den Rasenden zu bändigen. Doch letztlich kann der mit der Kraft eines wilden Bären Kämpfende nichts gegen sie ausrichten.

Nach und nach kehrt mein volles Bewusstsein wieder zurück und ich versuche auf meine Beine zu kommen. Mein linkes Auge ist von Blut verklebt und der Schädel dröhnt. Aus meiner Nase rinnt es in Strömen und färbt mein ursprünglich hell-blaues Hemd nun dunkelrot.

„Alles in Ordnung?“, erkundige ich mich bei Gabriela, die ausgestiegen ist und jetzt neben mir steht.

„Ja, bei mir schon“, sagt sie, obwohl sie unter Schock steht. „Kann man bitte für ihn *die Rettung rufen?“, höre ich sie weinend zu einem Kollegen von mir sagen.*

„Wozu denn, ich hab ja nichts“, beteuere ich, ebenfalls im Schock.

„Du setzt dich jetzt einmal nieder und gibst Ruhe. Was ist eigentlich passiert?“, fragt mich ein älterer, sehr ruhig wirkender Kollege.

Ich schildere ihm den Vorfall und gebe ihm meinen Namen und meine Dienststelle an.

„Super, dein Job, ich wollte auch einmal zu der Abteilung, aber meine Frau war strikt dagegen“, sagt er bedauernd – und zu meinem Leidwesen vor Gabriela.

„Ja, er will es immer genau wissen, der ist ein absoluter Adrenalinjunkie, aber egal jetzt, wo bleibt denn die Rettung so lange?“

Das sind die letzten Worte, die mir von diesem Abend in Erinnerung geblieben sind.

Ein stechender Schmerz unter meinem linken Auge weckte mich unsanft. Ich konnte nur mein rechtes Auge öffnen und dabei erkennen, dass ich im Krankenhaus lag. Infusionen hingen an einem Ständer und mein Kopf war dick eingebunden. Auf der Nase hatte ich ein komisches Gerüst mit Schrauben, das ein Gefühl der Spannung in meinem Gesicht verursachte. Über mir hing ein rechteckiges Radio-ähnliches Gerät mit einem roten Knopf. Den drückte ich und wartete, was geschehen würde. Langsam versuchte ich meine Beine zu bewegen, was mir ohne Schmerzen gelang. Ansonsten tat mir so ziemlich alles weh. Die Uhr an der Wand meines Einzelzimmers stand auf 08:30 Uhr. Es musste Tag sein, denn hinter den herabgelassenen Jalousien war strahlender Sonnenschein zu erkennen. Die Tür ging auf und ein junger Arzt mit Vollbart kam herein.

„Wie geht's, wie steht's?", fragte er.

„Wie lange habe ich noch zu leben?", wollte ich vom Arzt wissen.

„Hätte schlimmer ausgehen können. Sie haben einen Jochbeinbruch, die Nase ist kompliziert verschoben, aber wieder eingerichtet. Und am Hinterkopf befindet sich eine größere Platzwunde. Ach ja, die Gehirnerschütterung habe ich noch nicht erwähnt, oder?", meinte er monoton, während er die Krankengeschichte las, die am Fußende meines Bettes hing.

Aber alle meine Verletzungen waren nichts gegen die des Wikingers. Über den musste eine Dampfwalze gefahren sein! Es beruhigte mich aber nicht wirklich, dass es dem Wikinger noch schlechter ging als mir.

„Wie lange muss ich hier bleiben?", erkundigte ich mich beim Arzt. Er meinte, dass man das nicht abschätzen könne. Er versprach bald wieder vorbeizuschauen und verließ das Zimmer. Ich setzte mich im Bett auf und ließ die Füße auf den Boden gleiten. So blieb ich einige Minuten sitzen, da es in meinem Kopf wie verrückt hämmerte. Langsam betastete ich mein Haupt und konnte außer dem Verband nur das Nasengestell wahrnehmen. Als ich es berührte, spritzten mir Tränen in die Augen und mir wurde schwindelig vor Schmerz. Ich nahm die Infusionsflasche aus ihrer Halterung und ging zaghaft zum Spiegel. Was ich da zu sehen bekam, war so unbeschreiblich, dass ich mir die Ausführungen ersparen möchte. Deprimiert legte ich mich wieder nieder und befestigte die Infusionsflasche.

Eine Stunde später stand Gabriela in der Tür. Sie hatte Tränen in den Augen und fragte mich, wann ich endlich einen „normalen" Job bei der Polizei annehmen würde.

„Ist es sehr schlimm für dich gewesen?", wollte ich wissen. Gabriela senkte den Kopf und gab mir keine Antwort.

„So etwas passiert nur sehr selten, ich habe wirklich nicht damit gerechnet, dass es mich einmal treffen könnte", meinte ich kleinlaut.

„Nun weiß ich es", antwortete Gabriela. „Du bist wirklich nicht zu retten. Was muss noch alles geschehen, damit du endlich deinen Job wechselst?" Sie sah mich vorwurfsvoll an. Ein tröstendes und aufmunterndes Wort hörte ich nicht von ihr.

„Jetzt lass mich erst einmal wieder auf die Beine kommen und dann sehen wir weiter", versuchte ich ihr Hoffnung zu machen. Gleichzeitig wusste ich ganz genau, dass ein anderer Job für mich nicht in Frage kam – im Gegenteil, lieber hätte ich mich in ein neues Abenteuer gestürzt, als im Krankenstand zu sein. Ich fühlte meine Lebensgeister bereits erwachen – ein sicheres Zeichen, dass ich mich auf dem Weg der Genesung befand. Offenbar bestärkte mich dieser Vorfall in meinem Wunsch, gegen die Unterwelt vorzugehen.

Gegen Mittag befragten mich zwei Kriminalbeamte zu den Vorfällen der vergangenen Nacht.

Vier Tage später wurde ich auf eigenen Wunsch vorzeitig

aus dem Krankenhaus entlassen. Mein erster Weg führte mich in mein Büro.

„Gut schauen wir aus", sagte mein Chef zu mir. Ich erzählte meiner Gruppe ausführlich über diese schlimme Nacht. Das Nasengestell war bereits entfernt und unter meinem verschwollenen Auge zeigten sich unzählige Farbtöne. Der Anblick erregte allgemeine Heiterkeit.

„Ich werde noch eine Woche zu Hause bleiben, dann geht's wieder los", meinte ich. Da mein Chef meinen unbeugsamen Willen kannte und wusste, dass ich von einmal gefassten Entschlüssen nicht mehr abging, behielt er seine wohlmeinenden Ratschläge für sich und schüttelte nur stumm den Kopf.

Die Zeit verging recht schnell und nach einer Woche nahm ich wie angekündigt meine Arbeit wieder auf.

Der Wikinger bekam wegen dieser Gewaltdelikte eine unbedingte Freiheitsstrafe von 24 Monaten. Über die beiden anderen wurden nur bedingte Strafen verhängt.

Eine Überdosis Gefühl

Seit einiger Zeit war viel „Tiefes"* im Umlauf, sodass meine Chefs im Ministerium die wichtigsten Heroinbanden zerschlagen wollten. Daher musste ich mich geistig und auch äußerlich auf die härteste Droge umstellen. Mir war es ein Gräuel, mit ansehen zu müssen, wie das Heroin Menschen langsam, aber sicher ruinierte. Also ließ ich mich von Informanten in kleinen Schritten in die Szene einführen, wobei mich der Ekel nicht mehr losließ.

Bevor ich mich an die großen Fische wagte, musste ich erst genügend Sicherheit im Umgang mit kleineren gewinnen und so begann ich mit Hilfe meines Informanten – eines zwanzigjährigen Jugos namens Ivica –, in der Szene aktiv zu werden. Einige kleine Festnahmen und Beschlagnahmen von Heroin hatte ich schon hinter mir.

Im Wiener Bezirk Ottakring hatte ich in einem der schlimmsten Gemeindebauten eine für das Milieu typische Begegnung. In einem Espresso, das diese Bezeichnung wahrlich nicht verdiente, wurde mir der „Lange" vorgestellt.

* Heroin

Der Lange war außerordentlich groß und dünn, mit gelben Fingern und fettem schulterlangem Haar. Seine Jogginghose stammte wohl aus einem Billigladen, die Oberbekleidung hatte er vielleicht aus einer Mülltonne gezogen. Sein Gesicht war tief zerfurcht. Seine Zahnreihen zeigten eine Färbung von undefinierbarer Bräune bis in diverse Grautöne und wiesen arge Lücken auf. Er sprach etwas schleppend, aber doch gewählt, und seine Augen hatten trotz der kaum sichtbaren Pupillen[1] einen überaus wachsamen Ausdruck.

Fixer tragen immer langärmelige Hemden, damit man die Einstiche in den Armbeugen nicht sehen kann. Beim „Langen" war das egal, denn er wies bereits an beiden Handrücken rotblau verfärbte und entzündete Einstiche auf. Wahrscheinlich hatte er in den Armbeugen keine Stelle mehr gefunden, an der er die Nadel in die Venen hätte setzen können. Die Venen verhärten sich mit der Zeit, wenn sie zu oft angestochen werden. Dazu kommt noch, dass das Gift grundsätzlich nie sauber ist und die Venen verstopft.

Der „Lange" beginnt zu sprechen: „Wieso schaust mi so komisch an? Hast noch nie an Junkie g'sehn, der scho mehr als zehn Jahre fadelt[2]? Waßt, i hob an den Händen und Füßen kan Platz mehr, jetzt setz i ma die Hocka in Hois." Gleichzeitig dreht er den Kopf auf die Seite, sodass ich seinen Hals sehen kann. Entlang der Hauptschlagader lässt sich eine so genannte Straße erkennen. Darunter versteht man mehrere Einstiche dicht nebeneinander entlang einer Vene oder Ader.

[1] Wenn man ständig Heroin konsumiert, ziehen sich die Pupillen auf Stecknadelkopfgröße zusammen.

[2] spritzt

Der Lange macht kein Geheimnis aus seiner Abhängigkeit – was ihm angesichts seines Aussehens auch nicht gelungen wäre –, er erzählt ganz offen, was er schon alles in seinen Drogenexzessen erlebt hat und wie er mit dem „Zeug" umzugehen versteht.

*„Waßt, i bin a oida Hos. I kenn die Qualität von jeden Zeig! Scho beim Auschaun. I waß net, wia oft's mi scho umg'haut hot, oba sichst eh. I leb no imma."**

„Toll", murmle ich und bedaure den „Langen" innerlich.

Jetzt lädt er Ivica und mich in seine Wohnung ein, denn er will sich auf der Toilette des Lokales keinen Schuss setzen.

Als wir die Wohnung betreten, schlägt uns beißender Gestank entgegen. Ich kämpfe gegen meine aufkeimende Übelkeit an. Meine ziemlich feine Nase ist sehr anfällig, was schlechte Gerüche betrifft. Aber da muss ich durch. Mit jeder Minute gelingt es mir besser, den Gestank zu ignorieren.

Der Zustand der Wohnung spottet jeder Beschreibung. Er lässt sich am ehesten mit dem Ausdruck „schwerster sanitärer Übelstand" – oder weniger gewählt als Saustall oder Sandlerlager – charakterisieren. Mich wundert, wozu der Lange eine Toilette in der Wohnung hat, er könnte genauso gut in der Ecke des „Wohnzimmers" seine Notdurft verrichten, es würde nicht auffallen.

Mit glasigen Augen sitzt er jetzt auf seiner „Bank", nimmt einen verbogenen, von Ruß geschwärzten Suppenlöffel und zündet eine Kerze an. Dann zieht er mit einer Spritze Wasser auf und spritzt es auf den Löffel. Dabei zittert er überraschenderweise nicht einmal. Seine Bewegungen wirken wie in Zeitlupe. Klar, sonst würde er ja alles verschütten. Dann

* „Weißt du, ich bin ein alter Hase (= schon sehr erfahren). Ich erkenne die Qualität von jedem Stoff schon auf den ersten Blick. Ich weiß nicht, wie oft es mich schon umgehauen hat, aber wie du siehst, lebe ich immer noch."

schneidet er vom Zigarettenfilter, den er zuvor aus seiner Hülle geschält hat, die Hälfte ab und legt diese auf den Löffel mit Wasser. Darüber schüttet er nun vorsichtig braunes Pulver aus einem Briefchen, das der Lange bei sich getragen hat. Den Löffel samt kostbarer Fracht hält er über die Kerze und wartet, bis das Wasser mit dem Heroin und dem Zigarettenfilter zu kochen beginnt.

„Also ich will dich nicht lange aufhalten, Langer, aber wie sieht's aus? Ich habe ein paar Tausender zu viel und meine neue Alte ist aufs Tiefe drauf. Ich möchte gleich eine größere Menge kaufen, damit sie nicht zu Fremden gehen muss. Verstehst?"

„Verstehe, da muss ich aber erst meine Connect[1] *anrufen. Wie viel brauchst?"*

„Ich hab achtzigtausend (= etwas mehr als 5800 Euro) und um die will ich einkaufen. Wie viel krieg ich dafür?"

Während er die Nadelspitze in den Zigarettenfilter des noch immer kochenden Wassers steckt und die Spritze aufzieht, sagt er monoton: „Hundert Gramm vom Feinsten."

„Gut, mach ma", sage ich, während ich ihn beobachte, wie er sich vor einem kleinen Standspiegel die Nadel an den Hals setzt. Erst nach mehreren Versuchen trifft er die Vene. Er zieht die Spritze ein wenig auf und ich sehe, wie sich die braune Flüssigkeit mit seinem Blut vermischt. Er hat also wirklich die Vene getroffen. Er drückt sich das Gift in den Hals und schließt die Augen. Als er die Nadel aus seinem Hals entfernt, spritzt das Blut in alle Richtungen und trifft mich mitten ins Gesicht.

„'tschuldige, i bin eh ned HIV-positiv. Do host wos zum Owischn"[2]*, sagt er und hält mir ein Stofftaschentuch vors Gesicht. Zumindest sieht es wie ein solches aus.*

[1] Lieferant

[2] „Entschuldige, ich bin ohnedies nicht HIV-positiv. Da hast du etwas zum Abwischen."

„Danke, ich mach das mit Wasser", lehne ich ab und gehe in Richtung „Badezimmer". Ein kurzer Blick in den zersprungenen Spiegel und dann entscheide ich mich, mein Gesicht mit brühend heißem Wasser abzuwaschen. Der Fisch-Mäc, den ich vor einer halben Stunde verschlungen habe, sucht sich bereits seinen Weg nach oben und ich muss mich verdammt beherrschen, um ihn nicht im Bad des Langen freizusetzen. Ich atme dreimal tief durch und lasse mein Gesicht im Gestank lufttrocknen. Womit hätte ich mich auch abtrocknen sollen?

Ich höre den Langen telefonieren. Wahrscheinlich kontaktiert er gerade seine Connect und bestellt sie zu sich. Noch eine Stunde voller furchtbarer Eindrücke ist zu überstehen. Was kommt wohl als Nächstes?

Der Lange baut sich ein „Gerät" und übergibt es mir, nachdem er es selbst angeraucht hat. Ich kann jetzt schlecht ablehnen, denn Haschrauchen ist aus der Sicht von Giftlern wahrlich nichts Böses.*

Ich stehe mit dem Gerät in der Hand auf und gehe zum Fenster und bleibe mit dem Rücken zum Langen davor stehen. Dieser unterhält sich einstweilen mit Ivica und beachtet mich nicht weiter. Als er einmal auffordernd zu mir herüberschaut, ziehe ich kurz am Joint und behalte den süßlichen Rauch ohne zu inhalieren im Mund. Beim Niedersetzen lasse ich den letzten Dunst aus den Mundwickeln austreten, um glaubwürdig zu wirken. Abgesehen davon, dass mich Drogen nicht einmal andeutungsweise interessieren, hätte ich nach dem Genuss von Haschisch sicher ein Kreislauf-Flash. Vielleicht ist das mit ein Grund, warum ich bei der Drogenfahndung Dienst versehe – die Gefahr, süchtig zu werden, ist bei mir nicht gegeben. Der

* Joint

Lange und Ivica sind mittlerweise stoned und ich mime denselben Zustand.*

Wir halten uns erst seit etwa zwanzig Minuten im Domizil des Langen auf und mir kommt die kurze Zeitspanne wie eine Ewigkeit vor. Die beiden reden vollkommenen Schwachsinn. Die von Heroin verzerrte Stimme des Langen und die mit starkem Akzent hervorgestoßenen Kommentare des eingerauchten Ivica vermischen sich mit dem Gestank in der Wohnung zu einem widerwärtigen Ganzen und drohen mich explodieren zu lassen. Lange halte ich hier nicht mehr durch!

Plötzlich klopft es an der mit Motorräder-Postern voll gepflasterten Tür. „Geh, Oida, moch de Tia auf. I wü ned aufstehn", fordert mich der Lange auf.

Gut, gehe ich eben zur Tür und öffne. Mich durchzuckt es wild. Vor mir steht eine Frau, etwa Mitte zwanzig, mit kurzem schwarzem Haar. Wie einem „Playboy"-Heft entstiegen. Ich starre sie mit offenem Mund an.

„Darf ich eintreten oder muss ich auf dem Gang stehen bleiben?", fragt sie und lächelt mich selbstbewusst an.

„Oh, Verzeihung, ich hatte nicht damit *gerechnet!" Noch während ich das sage, würde ich mir am liebsten die Zunge abbeißen. Zu spät.*

„Womit nicht gerechnet?", will sie amüsiert wissen.

Jetzt bleibt mir nur die Flucht nach vorn: „Mit einem so entzückenden Anblick nach dieser fürchterlichen halben Stunde. Der Kontrast ist überwältigend."

Lachend wirft sie den Kopf in den Nacken. Nicht eine einzige Plombe kann ich an ihren lückenlosen weißen Zähnen erkennen. Warum dealt eine solche Erscheinung mit Drogen?, schießt es mir durch den Kopf. Ich kann es nicht glauben.

* ein vom Suchtgift beeinträchtigter Zustand

Sie tritt ein, bleibt vor mir stehen und stellt sich mir als Niki vor, während sie mir die Hand schüttelt. Als sie den stechenden Geruch in der Wohnung wahrnimmt, rümpft sie die Nase und meint, sie könne gut verstehen, wie mir in der letzten halben Stunde zumute gewesen sei. Sie steht jetzt dicht vor mir, und jedes Mal, wenn sie den Mund öffnet, versuche ich ihren Atem so tief wie möglich zu inhalieren. Sie duftet derart betörend, dass mir schwindlig vor Erregung wird. Eine Mischung aus weiblichen Lockstoffen und „Kenzo Jungle". Aber ich versuche Haltung zu bewahren und mir nach außen hin nichts anmerken zu lassen. Nein, sie soll nicht glauben mich so einfach rumzukriegen! Jeder Primitivling auf der Straße würde sich so tierisch benehmen und sofort auf ihre Tour abfahren. Aber nicht ich! Hoffe ich zumindest …

Wie ein Schoßhündchen trotte ich hinter ihr ins „Wohnzimmer". Ich ertappe mich dabei, wie meine Blicke erst an ihrer schmalen Taille hängen bleiben und dann an dem eng anliegenden kurzen Rock abwärts gleiten. Als ich meine Musterung bei ihren hochhackigen Schuhen beende, ist mir bereits ziemlich heiß. Zugegeben, auch jetzt wieder, während ich diese Zeilen niederschreibe.

Der Lange und Ivica sind gerade wieder dabei, ein Gerät zu bauen. Allgemeine Begrüßung. Niki setzt sich vis à vis von mir auf einen Sessel. Ich sitze auf der durchgesessenen Bank und muss zu ihr aufschauen. Niki sitzt nicht sehr damenhaft – breitbeinig – zwei Meter vor mir. So ist mir ein tiefer Einblick vergönnt; Niki trägt nämlich keinen Slip …

Den beiden Idioten ist das vollkommen egal. Sie schenken Niki keinerlei Beachtung, sondern rauchen zufrieden ihren Joint. Der Lange gibt Niki das Gerät. Sie nimmt es und saugt genüsslich daran. Jetzt reicht sie es an mich weiter. Am Mundstück kleben Spuren ihres Lippenstifts. Ich nehme den Joint in den Mund und drehe ihn ein paar Mal zwischen mei-

nen Lippen, während ich Niki nicht aus den Augen lasse. Wieder wirft sie den Kopf in den Nacken und bricht in ein lautes Gelächter aus.

Diesen Augenblick nütze ich und überlasse Ivica den Joint, ohne selbst inhaliert zu haben. Wieder Glück gehabt!

„Vom Rauchen werde ich immer extrem geil, du auch?“, will Niki jetzt von mir wissen.

„Es geht so – manchmal ja, manchmal nein. Heute nein. Warum?“, versuche ich nach außen hin den Lässigen zu mimen. Innerlich bin ich so aufgewühlt, dass ich mich am liebsten sofort auf Niki werfen und mein hart gewordenes bestes Stück in sie hineinrammen würde … Schluss jetzt!

„Da haben wir ja einen Übermacho! Oder bist du vielleicht schwul?“, versucht sie mich zu provozieren.

„Wos büdst da eigentlich ei'? Wer bist d'n, dass d' auf Frau Guat spüst?“[1]*, schieße ich scharf zurück.*

Ivica verschluckt sich fast am Joint und bekommt einen Hustenanfall. Auch der Lange wird jetzt wieder munter. „Hear auf, Oida! Oda wüßt ka G'schäft mehr mochn?“[2]*, erinnert er mich wieder an den eigentlichen Grund meines Besuchs.*

Offensichtlich habe ich Niki gegenüber den richtigen Ton angeschlagen; ihr scheint meine Art zu gefallen. Aha, eine Frau also, die gedemütigt werden will, um sich gut zu fühlen!

Ich fahre in der gleichen Tonart fort. Im Grunde widerstrebt mir eine solche Art, sie entspricht nicht meinem Naturell. Aber hier scheint sie angebracht zu sein, um mein gesetztes Ziel zu erreichen. Schauspielerei ist gefragt. „Bist du die Tante mit´n Tiafn?“, frage ich Niki.

Mit einer samtenen, fast lieblichen Stimme meint sie: „Kommt drauf an. Wie viel brauchst du?“

1 „Was bildest du dir eigentlich ein? Wer bist du denn, dass du dich als ‚Frau Gut‘ aufspielst?“
2 „Hör auf, Alter, oder willst du kein Geschäft mehr machen?“

„I söwa goa nix, owa mei Oide is drauf, dass de Tia nimma zuageht, und i kauf den Schaß fia sie. I hob ochtz'gtausnd. Wiafü kriag i dafia?"[1]

„So viel brauchst du? Na ja, da kann ich dir zirka hundert Gramm einer türkischen Ware anbieten. Wenn der Lange nicht gesagt hätte, dass du in Ordnung bist, wäre ich gar nicht gekommen. Aber ich denke, du bist sogar sehr in Ordnung. Bulle kannst du keiner sein, die können sich nicht so gut verstellen. Ich hab da meine Erfahrung. – Außerdem möchte ich mit dir ficken."

Ivica bekommt wieder einen Hustenanfall und ich verdrehe die Augen. „Aber nur um dir zu beweisen, dass ich nicht schwul bin", drücke ich mich jetzt wieder etwas gewählter aus und lockere die Situation mit einem Lacher auf, der alle anderen mitreißt. „Bist scho mal meia[2] *'gangen?, will ich von ihr wissen.*

„Ja, da hab ich einem verdeckten Scheißfahnder zwanzig Gramm verkauft. Ich hab mir von Anfang an gedacht, dass mit dem was nicht in Ordnung ist. Na ja, Pech gehabt."

Also die wird noch Augen machen! Wegen Hartnäckigkeit im Häfn[3]*. Die bleibt sicher länger drin, wenn alles funktioniert. Aber sollte ich vielleicht vorher noch ihren Wünschen nachkommen? Nein, nein auf keinen Fall. Bleib standhaft!, rede ich mir gut zu, während ich ihr Piercing auf der Klitoris hervorblitzen sehe. Sie macht es mir wahrlich nicht leicht, meinem Vorsatz treu zu bleiben! Da ist mir ein abgebrühter Dealer um einiges lieber als solch verirrte holde Weiblichkeit, die ich am liebsten auf der Stelle mit Haut und Haar vernascht hätte.*

[1] „Ich selbst gar nichts, aber meine Alte ist süchtig danach, dass ‚die Tür nicht mehr zugeht', ich kaufe den Scheiß für sie. Ich habe 80.000 (Schilling). Wie viel kriege ich dafür?"

[2] von der Polizei erwischt worden

[3] Gefängnis

„Gut, wie machen wir es?", frage ich sie und im selben Moment könnte ich mich auch schon ohrfeigen.

„In allen nur erdenklichen Variationen, mein Schatz", brauche ich nicht lange auf ihre unzweideutige Antwort zu warten. Dieses Biest! Was tut sie mir nur an!

Wieder lache ich, um meine Verlegenheit zu verbergen, und sage zu ihr: „Hör zu, Püppchen: Zuerst die Arbeit, dann das Vergnügen. In Ordnung? Du zeigst mir einmal eine Probe von dem Zeug. Dann – wenn die Ware in Ordnung ist – hole ich die Marie[1] *und wir machen das Geschäft. Erst wenn ich den ganzen Dreck gebunkert*[2] *habe, stopfe ich dir alle deine frechen Löcher, auf dass dir Hören und Sehen gleichzeitig vergeht. Ist das in deinem Sinn?", gebe ich mich bestimmend und forsch zugleich.*

Sie lacht zustimmend und bittet mich gleich mitzukommen.

Wir verabschieden uns und Ivica wünscht mir „Viel Spatz".

„Komm, du kannst mit mir fahren oder traust du dich nicht mit einer Frau am Steuer?"

„Doch, doch. Angst und Geld hab ich noch nie gehabt", beteuere ich, während wir Nikis Jeep besteigen.

Wir unterhalten uns angeregt miteinander und Niki gesteht, dass sie normalerweise nicht so dumm und vulgär reden würde wie beim Langen in der Wohnung, aber in gewissen Stresssituationen reagiere sie so. Ich möge ihr verzeihen.

Die ganze Zeit über kann ich meine Blicke nicht von ihren Beinen abwenden. Sie spürt das und klappt fortwährend nervös bzw. erregt die Beine auf und zu.

Die Ampel bei der Kreuzung Thaliastraße–Sandleitengasse springt auf Rot. Niki zieht die Handbremse an, lehnt sich zu mir herüber, nimmt meinen Kopf zwischen ihre Hände und

[1] Geld
[2] zwischengelagert

küsst mich – aber so vereinnahmend und intensiv, dass mir nicht anderes übrig bleibt als stillzuhalten ... In diesem Augenblick wünsche ich mir nichts sehnlicher, als dass die Ampel einen technischen Defekt haben möge und lange auf Rot bleibe! Aber die Wirklichkeit holt uns schnell wieder ein. Wortlos setzt sich Niki wieder auf ihren Platz und fährt bei Grün los. Ich sitze immer noch stocksteif und benommen da und schaue geradeaus. In meinem Innersten wehre ich mich dagegen, mit dieser Frau ein Verhältnis anzufangen. Immerhin ist sie eine Verbrecherin ...

Ich frage Niki nach unserem Fahrziel.

„Zu mir nach Hause, um dir die Probe zu zeigen."

Angst steigt in mir hoch. Werde ich so standhaft sein können, ihr zu widerstehen? Ein heftiger Kampf setzt in meinem Inneren ein: Ein Teil verbietet mir, etwas mit Niki anzufangen, der andere Teil würde am liebsten sofort, mitten auf der Sandleitengasse ...

„Wir sind gleich da", unterbricht Niki meinen Gedankenfluss und parkt den Jeep in einem Halteverbotsbereich, der als Parkplatz für Behinderte ausgewiesen ist.

„Da wirst du sicher abgeschleppt, das ist nämlich ein Behinderten-HV", mache ich Niki aufmerksam.

„Ein Behinderten-was?"

O nein! „HV" ist ein Wort aus dem Polizeijargon. Ein unbedachtes Wort und ich mache mir alles zunichte! Pass auf, was du sagst, Idiot! Ich habe so eine Wut auf mich, dass ich mich selbst ohrfeigen könnte. Mit irgendeinem blöden Kommentar überspiele ich die Situation. Gott sei Dank, Niki scheint nicht misstrauisch geworden zu sein! Wir finden schließlich einen regulären Parkplatz.

„Ist der hier passend, Herr Inspektor?", fragt sie lachend und ich muss mir in die Innenseite meiner Wangen beißen.

„Ja, der ist in Ordnung. Perfekt", zeige ich mich zufrieden

und merke, wie wir uns von Minute zu Minute besser verstehen. Ihre gewinnende, weibliche, intelligente Ausstrahlung hat mir komplett die Sinne verwirrt.

Als sie aus ihrem Jeep aussteigt und ich zuerst nur ihre Beine zu sehen bekomme, weiß ich bereits, welcher Teil in mir gewonnen hat …

Ich gebe mich geschlagen. Die Fleischeslust trägt nun doch den Sieg davon. Das Gehirn wandert selbsttätig vom Kopf immer weiter abwärts und landet schließlich in der Hose, von wo aus es nun alles steuert … Ich kann und will nichts mehr anderes, als auf schnellstem Wege in Nikis Wohnung kommen …

Wir fahren mit dem Aufzug bis ins Dachgeschoss. Das Wohnzimmer präsentiert sich mir so groß wie meine ganze Wohnung und von der Dachterrasse hat man eine uneingeschränkte Sicht über die Stadt.

Noch bevor ich etwas fragen kann, erklärt Niki, dass sie die Wohnung von ihrem Papa bekommen habe; sie selbst könne sich keine solche leisten.

Ja, ja. Und auch den Jeep und die teuren Fetzen, die sie trägt, sage ich mir. Und den Schmuck, der sicherlich mein gesamtes Jahreseinkommen – brutto, wohlgemerkt! – verschlingen würde, ganz zu schweigen von der ROLEX an ihrem Handgelenk! Also alles mit dem Gift verdient. Wie viele Leben sie schon auf dem Gewissen hat? Dieser Gedanke holt mich wieder in die Realität zurück.

Ich gehe ins Wohnzimmer zurück. Auf dem Glastisch steht eine Bleikristallflasche mit Whisky. Dahinter nehme ich eine schwarze Ledergarnitur wahr. Niki sitzt wie hingegossen darin, aber diesmal damenhaft mit übergeschlagenen Beinen, und grinst mich geil an.

„Was passiert jetzt? Krieg ich was zum Anschauen?“, frage ich und ertappte mich selbst beim Schmunzeln. Nein, Schluss!

Das Thema „Sex mit Niki" sollte doch abgeschlossen sein! Ich fühle mich plötzlich stark und unantastbar. Wahrscheinlich hat mir der Anblick der teuren Wohnung wieder vor Augen geführt, was für eine Person Niki tatsächlich ist: eine, die sich nur durch Dealen diesen Luxus leisten kann. Natürlich darf ich mir meine Gedanken nicht anmerken lassen, sondern mein Spiel auch weiter spielen: zuerst die Arbeit, dann das Vergnügen.

„O.k.", sagt sie tonlos und geht aus dem Zimmer. Nach einigen Augenblicken kommt sie wieder und drückt mir ein Briefchen in die Hand. „Da hast du das Zeug für deine Tussi. Sag ihr aber, dass sie aufpassen soll, denn es ist hochprozentig. – Kann man das jetzt als erledigte Arbeit betrachten?" Dabei sieht sie mich fordernd an.

„Nein, noch nicht. Außerdem quäl mich bitte nicht, ich muss jetzt schleunigst nach Hause und das Zeug meiner Freundin bringen. Ich melde mich später bei dir." Bei diesen Worten bin ich auch schon bei der Tür draußen. Der blitzartige Aufbruch war eher eine Flucht vor meinen eigenen Gefühlen, denn in Nikis Gegenwart traue ich mir selbst nicht mehr …

Von meinem Auto aus rief ich meinen Chef an und berichtete stolz von meinem bevorstehenden Erfolg und meiner Standhaftigkeit. „Das brauchst du gar nicht extra zu erwähnen, das ist ja selbstverständlich für mich, dass du nichts mit der Checkerin[1] anfängst. Außerdem kenne ich sie, wir haben sie schon einmal erwischt. Die sieht aus, als wäre sie gerade einem Katalog entstiegen. Aber lass dich von ihr nicht täuschen!", schnauzte er mich jetzt an. Ich musste ihm Recht geben.

* Dealerin

Mit der Probe fuhr ich direkt in die KTZ* und ließ das Heroin auf seinen Reinheitsgehalt prüfen.

Das Ergebnis konnte sich sehen lassen. Ganze fünfundsiebzig Prozent wies das Zeug auf und war bei zu hoher Dosierung absolut tödlich. Spätabends rief ich Niki am Handy an: „Ich hab 150.000 Schilling, geht das in Ordnung?" Natürlich pokerte ich höher als vorher vereinbart, aber ich hatte ein gutes Gefühl bei Niki.

„Ja gut, treffen wir uns im *Café Suppentopf*, dann besprechen wir alles persönlich."

Ich sprach mich mit meiner Gruppe ab, dass eine Observation beim heutigen Treff mit Niki angebracht sei. Gesagt, getan. Zwei Teams standen mit ihren Fahrzeugen in unmittelbarer Nähe des Lokals, ein Kollegenpärchen saß zur Innenobservation bereits bei meinem Eintreffen im Café. Ich konnte ja nicht wissen, ob Niki irgendetwas im Schilde führte oder bereits Kontakt zu ihrer Verbindungsperson gesucht hatte. Egal. Hunderte Situationen konnten sich ergeben, die für unseren Dienst von Bedeutung wären. Daher die Observation.

Mitternacht in Ottakring: Ein für die Gegend recht nettes Inländerlokal – wenn man von der slowakischen Kellnerin absieht. Niki sitzt schon in der Ecke und schaut mich erwartungsvoll an. Sie hat sich umgezogen und steht bei der Begrüßung auf. Sie nimmt meinen Hinterkopf mit beiden Händen und steckt ihre Zunge in meinen Mund.

Setzt ab und geht einen Schritt zurück. Ich nehme den für den Abend auffallenden Gesamteindruck (ihre Kleidung, ihr dezent geschminktes Gesicht, das Parfum) wahr und glaube umfallen zu müssen.

* Kriminaltechnische Zentrale

Mein Kollege und guter Freund sitzt wie angewurzelt an der Bar und registriert seine „Partnerin" (sprich Kollegin) gar nicht mehr. Sein Blick hängt wie gebannt an Niki. Als Niki kurz abgelenkt ist, weil sie aus ihrer Tasche das läutende Handy ausgräbt, drehe ich mich vorsichtig zu meinem Kollegen hin und tippe auf meine Stirn. Er versteht sofort und klappt den Mund wieder zu. Dann plaudert er unauffällig mit der Observationskollegin weiter.

Ich setze mich mit Niki in die Ecke und wir beginnen Händchen haltend zu sprechen.

„Ich könnte das Zeug morgen Nachmittag haben. Wenn du willst, kommst du zu mir nach Hause und dann machen wir den Deal. Ich gebe dir 200 Gramm für hundertfünfzigtausend Schilling. Ist das in Ordnung?"

„Ja, mehr als in Ordnung, aber warum verwöhnst du mich so?", frage ich sie jetzt und in diesem Moment legt sie ihren Kopf auf meine Schulter, umarmt mich und beginnt zu plaudern: „Weißt du, ich mag eigentlich mit dieser ganzen Scheiße nichts mehr zu tun haben. Seit zwei Jahren bin ich schon allein, weil alle Männer, die ich kennen lerne, mich verlassen, sobald sie draufkommen, was ich mache. Meine Connect – ein Albaner – zwingt mich regelrecht zum Dealen und irgendwie habe ich Angst vor ihm. Am liebsten würde ich rund um die Uhr mit dir zusammen sein. Aber leider, du hast ja eine Freundin. Das Zeug, das ich morgen bekomme, kostet mich selbst 150.000. Ich gebe es dir zum Selbstkostenpreis, denn das wird meine letzte Aktion in dieser Richtung werden. Ich steige aus und will einer normalen Arbeit nachgehen. Hilfst du mir dabei?"

Zumindest wird es morgen für eine gewisse Zeit das letzte Mal sein! Das sage ich jedoch nicht laut. Irgendwie tut sie mir jetzt fast Leid.

Man kann sich vorstellen, in welchem Gemütszustand ich mich damals befand: hin- und hergerissen zwischen Abscheu und Zuneigung. Aber die Fakten sprachen eindeutig gegen sie: Punkt eins war sie schon einmal erwischt worden und sie hatte eigentlich nichts dazugelernt. Punkt zwei hatte sie bestimmt schon einige Menschenleben auf dem Gewissen – ein Umstand, den sie vermutlich noch gar nicht registriert hatte. Und Punkt drei kam ich nur meiner beruflichen Pflicht nach. Ich freute mich schon auf die Erfolgsfeier mit meinen Kollegen beim Heurigen.

Nach drei Stunden bekommt mein observierendes Kollegenpärchen das so genannte „fade Auge" und ich deute in einer unauffälligen Sekunde mit einer Handbewegung den Abbruch der Observation an.

„Gut, ich werde jetzt gehen", sage ich zu Niki. „Mir wäre es lieber, wenn wir uns bei der Übergabe nicht in deiner Wohnung treffen, denn ich will das Zeug gleich wegführen und sicher verbunkern – man kann nie wissen …"

„Ja natürlich, wie du willst, mir ist alles recht. Sehe ich dich nachher wieder?", haucht sie.

„Ganz bestimmt!" Bei diesen Worten kann ich ihr nicht in die Augen sehen. Für mich klingt diese Vereinbarung wie Nikis Hinrichtungstermin. Spät am Morgen komme ich nach Hause und lege mich nieder. Schlafen kann ich nicht und wälze mich stundenlang im Bett hin und her. Schließlich wird es mir zu dumm. Ich springe auf, ziehe mich an und fahre in die Sauna, um meinen Kopf klar zu bekommen.

Im Büro warteten die Kollegen schon auf mich. Ich besprach mit ihnen die Vorgangsweise bei dem Scheinkauf.

Ich versuchte jeden Gedanken an Niki zu verdrängen. Nun ordnete ich sie in die Kategorie „Heroindealer“ ein, was ja auch zutraf. Das half.

Die Kommentare meiner Kollegen waren einhellig: „Die wäre schon eine Sünde wert.“ Oder: „Wo ist dir denn der Hase reingelaufen, die passt doch gar nicht in dieses Milieu.“ Und wieder ein anderer Kollege: „Ich möchte ihr die Handschellen anlegen, bitte, bitte, lass mich das machen!“

Ich fand das absolut nicht komisch und verkroch mich in meinem Büroraum, um noch ein paar Anrufe mit den Kriminalbeamten des Sicherheitsbüros zu tätigen.

Eine Stunde vor dem vereinbarten Treffpunkt mit Niki fuhren wir los.

Wien 16., Gablenzgasse, Tankstelle
Nikis Jeep steht schon da. Ich kann sie in der Tankstelle an einem der Stehpulte erkennen, parke den Dienstwagen und bewege mich in ihre Richtung. Mir ist zum Heulen. Ein dicker Frosch würgt mich im Hals und ich habe mehr Herzklopfen als bei einem Scheinkauf mit zehn Schwerstverbrechern. Das Observationsteam hat bereits Stellung bezogen und harrt der Dinge. Wir wissen nicht, ob die Albaner, Nikis Verbindungsleute, in der Nähe sind. Niki steht auf und kommt mir strahlend entgegen, umarmt mich und drückt sich an meine Brust – sie verharrt in dieser Position sehr lange. Meine Innenobservanten, die gerade Kaffee schlürfen, grinsen blöde und verdrehen die Augen.

„Gut, mein Schatz, alles in Ordnung?“, frage ich sie und drücke sie sanft von mir weg.

„Ja natürlich. Ich möchte dich nicht enttäuschen. Ich hab mich den ganzen Tag auf dich gefreut und fast nichts geschlafen. Komm, gehen wir zum Auto, dort hab ich alles versteckt.

„Nein, warte", ertönt es ungewollt laut aus meiner Kehle. Ein paar Augenblicke will ich das bevorstehende Drama noch hinauszögern. „Warum? Was ist denn los mit dir? Vor mir brauchst du doch keine Angst zu haben. Es ist alles in Ordnung. Komm, ziehen wir es schnell durch und dann will ich nie wieder etwas damit zu tun haben."

Wir gehen zu ihrem Jeep. Ich stehe bei der Beifahrertür, öffne diese und setze mich hinein. Niki ist glücklich, als sie mir das Päckchen, das sie im Handschuhfach verstaut hatte, übergibt.

„Da. Es sind sogar um zwanzig Gramm mehr. Haben mich genau hundertfünfzig gekostet. Wenn du das Geld nicht auf einmal hast, kannst du dir ruhig Zeit mit der Bezahlung lassen. Ich habe das ganze Zeug schon vorher bezahlt, damit ich den Kontakt zu meiner Connection so schnell wie möglich abbrechen kann."

Gute Idee, meine ich und steige wie von Geisterhand geführt aus dem Jeep. Im Dienstwagen öffne ich das Päckchen. Es enthält beigebraune Steine, die stark nach Heroin riechen. „Reinstes Todeszeug", gebe ich meinem Chef über Funk durch, während ich etwa zwanzig Meter hinter dem Jeep die Situation beobachte. Alles läuft vor mir wie im Autokino ab. Von allen Seiten kommen jetzt die Kollegen auf Nikis Jeep zu, reißen die Fahrertür auf, ziehen sie heraus, drehen ihr die Arme auf den Rücken und legen ihr die Handschellen an. Nikis Gesichtsausdruck ist unbeschreiblich. Jetzt sieht sie gar zu mir herüber und ich sitze wie versteinert da, fühle mich wie Judas nach dem Verrat an Jesus.

Mein Chef kommt zu mir ins Auto und setzt sich neben mich. „Gratuliere, Bursche, gute Arbeit. Glaub mir, ich weiß, wie du dich jetzt fühlst. Ich habe vor einigen Jahren eine ähnliche Situation genossen. Aber denk immer an die Süchtigen, die diese Frau schon auf dem Gewissen hat."

Niki wird in ein Dienstfahrzeug des Sicherheitsbüros ver-

frachtet und sieht mich durch die Heckscheibe so lange an, bis der Wagen hinter einer Hausecke verschwindet und unseren Sichtkontakt unterbricht …

Niki war voll geständig und belastete den Albaner, einen Großdealer, schwer. Diesem konnten insgesamt acht Kilo Heroin nachgewiesen werden. Er wurde zu einer unbedingten Haftstrafe von sechs Jahren verurteilt.

Niki erhielt, weil geständig, eine unbedingte Haftstrafe von zwei Jahren. Ich nahm die Worte meines Chefs sehr ernst und musste ihm schließlich Recht geben.

Ich habe die Nase voll...

Ich befand mich noch im Zustand des Jagdfiebers, als ich in eine deutsch-jugoslawische Suchtgifthändlergruppe eingeschleust wurde.

Ein V-Mann stellte sich zur Verfügung und nahm mich in diverse jugoslawische Lokale in Wien mit. Es galt, Kontakte zu knüpfen.

Wir waren nun täglich unterwegs und bald kannte man mich in allen wichtigen Lokalen. Jugoslawen sind ein sehr gastfreundliches Volk, sodass ich jeden Morgen zu Gabrielas „großer Freude" ziemlich betrunken nach Hause kam.

Eines Abends wurde ich Biljana vorgestellt. Sie fungierte als Drogenkurier einer organisierten Bande, die Kokain aus Jugoslawien bzw. Deutschland nach Österreich lieferte. Da mein Begleiter und gleichzeitiger V-Mann ebenfalls Jugoslawe war, entstand nach kurzer Zeit ein Vertrauensverhältnis zwischen uns. Bei unseren Verhandlungen ging es um drei Kilo reinstes Kokain. Während der folgenden Fress- und Trinkgelage in den Jugo-Lokalen kamen wir uns näher und Biljana stellte mich ihrem Lebensgefährten Lubomir, kurz „Lubo" genannt, vor.

Wie immer erzählte ich von meinem Autohandel und

konnte mir damit eine glaubwürdige berufliche Identität schaffen.

Wir fuhren zu viert in Lubos Mercedes in ein albanisches Lokal nahe bei Wien. Dort nahm ich wieder ein „Gesichtsbad" vor sämtlichen anwesenden Gästen und wurde genau unter die Lupe genommen. Trotzdem versuchte ich locker zu bleiben und trank mit den Leuten literweise „Prosék" (ein Martini-ähnliches Getränk).

Lubo war also der Strohmann und ich fühlte so etwas wie Stolz, dass er mir so einfach vorgestellt worden war.

Nach einer Woche, in der wir einander viermal trafen, sprachen wir bereits über Preise. Es wurde also ernst, Lubo wollte mir unbedingt Stoff verkaufen. Doch es wollte nicht klappen. Wie so oft lag es nicht an Lubo, sondern an einem Hintermann, der ihm das Zeug verkaufte.

Mittlerweile hatte Lubo schon ein schlechtes Gewissen mir gegenüber, weil sein Mann so lange brauchte, um die Ware zu liefern.

Jedes Mal, wenn ich Lubo sah, wiederholte ich, dass die vereinbarten 1,8 Millionen Schilling bereitliegen würden und er sich doch beeilen solle. Das machte ihn völlig fertig. Die Gier war groß und Lubo zum Glück unvorsichtig. Meine Geschichte hielt den Überprüfungen von Lubos Leuten stand.

Ich hatte alles problemlos im Griff, es konnte im Grunde nichts schief gehen. Die einzige Gefahrenquelle, die den Scheinkauf noch zunichte machen konnte, war Lubos Hintermann. Wenn sich dieser nicht hundertprozentig auf Lubo verließ, konnte der Deal platzen. Schließlich kannte er den eigentlichen Käufer – also mich – nicht. Jeder, der sich die Mühe gemacht hätte, mein Leben während der letzten Monate näher zu durchleuchten, wäre auf Ungereimtheiten gestoßen. Da die in Österreich operierenden Rauschgiftbanden eher im Mittelbau der Organisationen angesiedelt sind, hielt es das Innenministerium nicht für notwendig, bessere Scheinidentitäten für seine Undercover-Agenten aufzubauen. Daher beschlich mich zuweilen ein ungutes Gefühl. Drei Kilo Kokain sind eine ganze Menge, und so einfach würde man mir den Kauf sicher nicht machen.

„Hallo, Freund. Ich müssen mit dir sprechen. Schnell bitte!“, meldete sich Lubo eines Tages am Telefon.

„Ja gut, wir treffen uns in einer Stunde im *Lepa Brena* am Gürtel“, schlug ich vor und war sehr neugierig, was kommen sollte.

Es ist 21.00 Uhr und die ersten Gäste versammeln sich vor dem Lokal.

Der Türsteher – ich ordne ihn in die Familie der jugoslawischen, mit Revolver ausgestatteten Riesenaffen ein – winkt ab, als er mich sieht.

Das ist mir sehr recht, zumal das Lepa Brena *nicht gerade in die Kategorie „zukünftiges Stammlokal“ fällt. Vor dem Eingang wimmelt es von Jugos und Albanern und ich scheine der einzige Inländer hier zu sein. Während ich mich wieder vom Eingang abwende und Lubo anrufen will, kann ich hören, wie eine jugoslawische Band im Lokal ihre Instrumente stimmt.*

Bei Lubo läuft die Mobilbox, was mich verwundert. Normalerweise ist Verlass auf ihn.

Lautes Stimmengewirr dringt vom Eingang zu mir herüber.

„Bleib hier, mein Freund, da ich bin!“, ruft Lubo in meine Richtung.

Ich drehe mich um und kann unter all den Köpfen Lubo beim Eingang erkennen. Mit einer Handbewegung deutet er mir, dass ich endlich hereinkommen soll.

Es wird still vor dem Lokal, mindestens hundert Leute sehen mich an. Wie durch Geisterhand gelenkt teilt sich die Menge und schafft eine freie Gasse, durch die ich zum Eingang vordringe. Ich darf als Erster das Lokal betreten. Der Türsteher verhält sich jetzt untertänig und gibt mir durch Zeichen zu verstehen, dass er nicht gewusst habe, wer ich sei.

Ich beachte ihn gar nicht – soll er weiter seine Landsleute hüten! – und begrüße Lubo mit dem typischen dreifachen Kuss.

„Bitte entschuldigen, Herr Freund. Du hast müssen warten?! Bitte entschuldigen." Lubos Demutsbezeigungen sind mir richtiggehend unangenehm.

„Kein Problem, ist schon o.k. Komm, gehen wir was trinken, sofern ich nicht vorher von der Meute da draußen abgestochen werde", sage ich lachend zu ihm, während wir die Stiegen ins Lokalinnere hinuntergehen.

Die Musik klingt ganz südländisch und die Leadsängerin sieht aus wie auf den Reklamepostern an den Fensterscheiben diverser Jugolokale.

Gegen Mitternacht ist das Lokal zum Bersten voll. Wir haben natürlich einen Extratisch, sodass wir von der Drängelei nichts mitbekommen. Ein eigener Kellner steht immer in der Nähe unseres Tisches und liest mir alle Wünsche von den Lippen ab.

Normalerweise grenzt diese Art von Bedienung schon an Peinlichkeit, aber zu diesem Zeitpunkt genieße ich die besondere Aufmerksamkeit einfach. Immerhin gelte ich als Geschäftsmann, der Lubo zu einer großen Summe Geldes verhelfen kann.

Lubo hat an alles gedacht. Um etwa ein Uhr Früh erscheinen an der Bar neben unserem Tisch zwei südländische vollbusige Schönheiten.

Die wären eine Sünde wert!, denke ich und grinse Lubo an. Der lächelt nur wissend und lehnt sich entspannt zurück.

„Schöne Frauen, stimmt's?", meint er. In diesem Augen-

blick kommen die beiden näher und begrüßen Lubo herzlich. Mich auch – nur leider ohne Kuss.

Eine der Frauen – die, die ich mir ausgesucht hätte, hätte ich die Wahl gehabt – setzt sich neben mich, die andere unterhält sich mit meinem Gönner.

Von Anfang bis zum Ende hervorragend organisiert, um mich bei Laune zu halten!, denke ich begeistert und lasse alles mit mir geschehen.

Ich fühle mich großartig und bin nur zu gerne bereit, auf den eigentlichen Grund meines Hierseins zu vergessen: nämlich den dienstlichen. Nichts für ungut, einmal darf ich auch ein bisschen Gas geben, rede ich mir ein, und nach dem zehnten Wodka glaube ich das auch.

Die vollbusige Schönheit neben mir versteht ihr Geschäft wie keine zweite und ich lasse mir ihre Aufmerksamkeiten gerne gefallen. Ein Rasseweib! Ich bin mir sicher, dass auch sie voll auf mich abfährt (zumindest bilde ich mir das ein).

Die Zeit vergeht im Fluge und ich werde immer betrunkener. Was habe ich nur für einen tollen Job!, durchzuckt es mich wohlig, während mir meine Sitznachbarin ihre Zunge tief in den Mund steckt. Gabriela ist jetzt gedanklich sehr weit weg, aber trotzdem gegenwärtig.

„Du, Freund. Ich möchte dir vorstellen: Das ist Branko. Gute Freund aus Mazedonien." Lubo tippt mich von der Seite an und nur unwillig löse ich mich von meiner Partnerin. Vor mir steht Branko, der große Dealer. In Wirklichkeit handelt es sich bei ihm um eine halbe Portion in dunkelblauem Anzug und unpassender Versace-Krawatte. Andere Länder, andere Gewänder, urteile ich für mich und muss erst meine Benommenheit abschütteln, die ich meiner Schönen verdanke.

Wie auf ein unsichtbares Zeichen erheben sich nun beide Bräute und stellen sich unweit von uns an die Bar, beaufsichtigt von den beiden Gorillas, die Branko mitgebracht hat. Die beiden Frauen sehen einfach blendend aus, und jedes Mal, wenn ein Fremder sich zu ihnen gesellen will, wird er schon zwei Meter vorher abgefangen und weggeschickt.

Ich muss meine Aufmerksamkeit nun Branko zuwenden.

„Also Sie wollen von uns Ware kaufen. Stimmt das?“, spricht mich dieser in verblüffend gutem Deutsch an.

„Von euch? Ware? Was meinen Sie?“, stelle ich mich absichtlich dumm und sehe zu Lubo hinüber.

„Das ist in Ordnung. Alles in Ordnung. Keine Panik, mein Freund“, beteuert er, um mich zu beruhigen. Dabei bin ich gar nicht aufgeregt. Ich habe soeben eine kleine Kostprobe meines schauspielerischen Talentes gegeben und freue mich ungemein über diesen gelungenen Schachzug.

„Also zuerst Biljana – dann Lubo – dann Sie. Und wer kommt dann noch, wenn ich fragen darf?“, wende ich mich etwas böse an Branko. Insgeheim freut es mich, dass so viele Leute mitspielen, denn dann wird auch die Zahl der Festnahmen größer und der Suchtgiftring entsprechend kleiner werden.

„Bitte entschuldigen Sie, aber bei einer solchen Menge geht es nicht anders. Verstehen Sie mich, da steckt ja einiges an Geld und Risiko dahinter.“

„Ich verstehe Sie ja, aber ich gehe ein genauso großes Risiko wie Sie ein, oder?“, stelle ich mich abermals dumm.

„Ein nicht so großes wie ich. Was wäre, wenn Sie von der Polizei wären? Dann würden wir alle eingesperrt und das Geld und die Ware wären weg. Ich habe Familie mit vier Kindern in Deutschland. Verstehen Sie mich jetzt? Ich muss mich vorher vergewissern.“

„Hören Sie mir gut zu. Glauben Sie, dass Sie mir meinen Beruf ansehen würden, wenn ich von der Polizei wäre? Oder steht auf meiner Stirn „POLIZEI“ geschrieben? Im Übrigen ist das eine Beleidigung für mich und meinen Vater, wenn

mich jemand Polizist schimpft", entgegne ich jetzt noch forscher als vorher.

„Ich habe so etwas ja nicht behauptet. Egal, lassen wir das, Sie wollen mich nicht verstehen. Aber was hat das mit Ihrem Vater zu tun, wenn ich fragen darf?", will Branko jetzt sehr unterwürfig wissen.

„Mein Vater ist sechzig Jahre alt und hat ein Drittel seines Lebens im Schmalz verbracht. Er liebt mich – und er hasst Bullen. Noch eine Frage oder reicht Ihnen das?" In diese kurze Erklärung habe ich auch gleich die südländische Familienehre eingebaut – wie ich an Brankos Gesicht sehe, ist das gut angekommen. Ich habe fast schon gewonnen! Aber eben nur fast, irgendetwas fehlt ihm noch.*

„Also gut, ich würde Ihnen jetzt gerne zwei verschieden aufbereitete Waren zum Testen zeigen. Haben Sie eine halbe Stunde Zeit? Kommen Sie mit mir!"

Ich torkle hinter Branko in einen Extraraum hinter der Bar.

An einem Tisch nehmen wir Platz und er holt zwei kleine Behälter aus seinem Sakko hervor.

„Da haben wir einmal die eine Sorte", meint er, entnimmt weiße Kokainsteine und formt zwei „Lines" auf dem Tisch.

„Bitte sehr. Der Gast zuerst", wendet er sich an mich und hält mir ein vergoldetes Nasenröhrchen vors Gesicht.

Ich finde in solchen Fällen normalerweise immer irgendeinen Ausweg, aber heute bleibt mir keine Alternative, ich muss konsumieren, wenn ich die ganze Aktion nicht aufs Spiel setzen will. Sonst würde Branko Verdacht schöpfen, dass ich ein Bulle bin, und das wäre nicht sehr gesund für mich.

Ich nehme also das goldene Saugröhrchen und beuge mich über die Line. Mein Herz pocht wie verrückt, als ich den weißen Staub langsam in die Nase einziehe.

* Gefängnis (Gaunersprache)

Nichts passiert.

Branko sieht mich zufrieden an und nimmt nun selbst die zweite Line zu sich.

Als der Kellner mit zwei großen Gläsern Wasser kommt, weiß ich plötzlich, wofür diese gedacht sind. Ich spüre, wie sich meine Kehle zuschnürt und sich gleichzeitig mein Alkoholspiegel verflüchtigt. Ein extrem bitterer Geschmack überzieht meinen Rachenraum, ich glaube, die Galle eines Pferdes zerkaut zu haben. Ich trinke literweise Wasser und will nur noch kotzen. Nicht dass mir übel ist, aber der beißend bittere Geschmack in meinem Rachen ist fast unerträglich.

Trotzdem lasse ich mir nichts anmerken und meine nur beiläufig: „Ganz nett."

Diese zwei Worte bringe ich so komisch heraus, dass Branko hellauf zu lachen beginnt.

„Warum lachen Sie, wenn ich fragen darf?", erkundige ich mich bei ihm – jetzt schon eingekokst.

„Hat keinen Grund, aber ich merke, es schmeckt Ihnen, oder?", meint er wieder ernst.

„Ja, ist o.k.", gebe ich ihm zu verstehen, während die Droge mit mir Achterbahn fährt. Ein ganz eigenartiges gutes Gefühl. Man ist hellwach und zur Konversation aufgelegt. Ich glaube in dieser Verfassung Bäume ausreißen zu können. Die ganze Welt, so bilde ich mir ein, gehört mir.

Nach und nach lässt jetzt auch der bittere Beigeschmack im Hals nach und ich ordere Wodka.

Plötzlich kommt eines der beiden Mädls hereingestöckelt und bittet Branko ebenfalls um eine „Nase".

Hätte mich ja gewundert!, sage ich mir und sehe ihr dabei zu, wie sie sich das weiße Pulver genüsslich in die Nase zieht. Dann steckt sie mir ihren Mittelfinger in den Mund und fährt über die Tischplatte, um den letzten Rest des Pulvers auf ihrem Zahnfleisch zu verreiben.

„Danke schön", sagt sie artig zu Branko und erhebt sich aus ihrer Hocke. Dabei stützt sie sich – wohl absichtlich – in meinem Schritt ab und packt auch noch leicht zu.

„Wollen Sie das andere auch noch testen?", fragt mich Branko mit einem selbstgefälligen Lächeln.

„Ja, ich bitte darum", sage ich. Jetzt ist schon alles egal.

Also dieselbe Prozedur noch einmal.

Die zweite Line schmeckt nicht mehr so bitter. Ich fühle mich nur noch agiler und geiler. „Ich merke keinen Unterschied", gebe ich Branko zu verstehen.

„Können wir per du sein?"

„Ja, in Ordnung."

„Es gibt auch keinen Unterschied. Ich wollte dich nur testen. Es handelt sich um ein und dieselbe Qualität. Das Beste vom Besten", meint er und lehnt sich gut gelaunt zurück.

Bei diesen Worten schnürt es mir abermals den Hals zu und mein Magen ist dabei, sein Inneres nach außen zu kehren. Es ist mir unmöglich, den Drang zurückzuhalten. Während ich aufspringe und in Richtung Toiletten laufe, füllt sich meine Mundhöhle bereits und meine Backen blähen sich auf. Trotzdem halte ich meinen Mund geschlossen, auch wenn ich mir in diesem Moment wie ein Druckkochtopf vorkomme. Ich haste an der tanzenden und schreienden Menschenmenge vorbei, weiter in Richtung Toiletten. Durch den Koks bin ich vermutlich so schnell unterwegs, dass ich es doch noch bis an mein Ziel schaffe. Es wäre alles glatt gegangen, wenn … ja, wenn zu diesem Zeitpunkt nicht alle beiden Toiletten besetzt gewesen wären …

Entspannt kehre ich zurück, nehme meine gewohnte Sitzposition ein und tue so, als wenn nichts gewesen wäre.

„Also, wie sieht's aus? Wie viel Geld willst du dafür ausgeben?", fragt mich Branko lächelnd.

Jetzt ist der Augenblick gekommen, um für einen noch höheren Betrag Ware zu bestellen. – Nein, auf keinen Fall! Das Risiko ist mir doch zu groß. Lieber bleibe ich bei der vereinbarten Summe von 1,8 Millionen Schilling, vielleicht würde Branko sonst Lunte riechen.

„Ja, die Ware ist ausgezeichnet. Ich habe aber im Moment nicht mehr Geld zur Verfügung", gebe ich ihm zu verstehen und stelle ein eventuelles Folgegeschäft in Aussicht.

Diese Aussage hat sein Vertrauen zu mir gestärkt; denn wenn ich ein Bulle wäre, hätte ich noch mehr verlangt. Aber drei Kilo sind ohnedies reichlich, würde ich meinen – man braucht nichts zu übertreiben.

„Die Kohle ist ab morgen verfügbar. Wann hast du Zeit?"

„Wenn du willst, können wir in den nächsten drei bis vier Tagen über einen Abschluss des Geschäftes sprechen." Ich glaube eine gewisse Unsicherheit aus Brankos Stimme herauszuhören.

„Gut, sprechen wir später noch einmal darüber. Du bist ja noch eine Weile hier, oder?", lenke ich ein, um so schnell wie möglich zurück zu meiner langbeinigen Schönen zu kommen. Ich nehme an, sie ist nach der Einnahme der überdimensionalen Line noch viel schärfer geworden.

Sie scheint Gedanken lesen zu können, denn gerade kommt sie wieder bettelnd an unseren Tisch.

Branko steckt ihr ein ganzes Briefchen zu und erhebt sich.

„Ich darf mich für heute entschuldigen. Ich muss noch Vorbereitungen treffen und dann nach Hause fahren. Morgen, spätestens übermorgen rufe ich dich an. Deine Nummer habe ich ja jetzt. Ist das in Ordnung?"

„Ja gut, danke, wir hören voneinander. Ach übrigens – die Getränkerechnung geht auf mich", sage ich lässig zu Branko.

Er tippt sich beleidigt mit dem Zeigefinger auf die Stirn und verlässt den Raum. Meine großzügige Geste ist mir im

Nachhinein peinlich; ich hätte wissen müssen, dass Jugoslawen einen guten Geschäftspartner nie zahlen lassen.

Sofort wende ich mich meiner erotischen Gespielin zu. Innerlich muss ich lachen: Ein echter Bulle würde sich nie auf ein so heißes Abenteuer einlassen. Aber für meine Tarnung ist sie ideal. Und nicht nur für meine Tarnung … Sie ist eine rassige, dunkle Schönheit mit schwarzbraunen Augen und einer Haarmähne, so fest und dicht wie die eines Ponys. Ihre Beine und Achselhöhlen sind geharzt; ich kann kein einziges Härchen ertasten.

Meine Hände gleiten an ihrem perfekten Körper abwärts. Dort, wo ihre halterlosen Strümpfe enden, stocke ich kurz und mein Herz beginnt zu rasen:

Mit meiner Hand erforsche ich jede Unebenheit auf ihrer Haut. Auch hier ertaste ich kein einziges Haar. Nur glatte, feuchte, vor Erregung zitternde Lippen. Was braucht ein Mann noch mehr …

Während ich sie ausgiebig massiere und streichle, wird sie immer feuchter. Als ihre Erregung dem Höhepunkt zusteuert, nimmt sie das Briefchen, das ihr Branko zugesteckt hat. Nicht schon wieder!, denke ich entsetzt. Nicht schon wieder! Ich bin ohnedies noch voll auf Koks.

Sie öffnet es, befeuchtet ihren Mittelfinger auf meiner Zunge und nimmt mit ihm ein wenig Koks auf. Mit dem Pulver reibt sie ihre heiße Stelle ein. Dabei gibt sie Laute von sich … Und dann knöpft sie meine Hose auf.

Ich sehe mich kurz um. Wir sind allein in diesem Raum, der vom Lokal abgesondert liegt – einer der beiden Gorillas fungiert als diskreter und seriöser Aufpasser. Wir sind hier also ungestört. Jetzt kann ich mich auch nicht länger zurückhalten. Vom Koks völlig stoned, pocht das Blut in den Schläfen. Ich fasse meine Prinzessin um die Taille und drücke sie mit dem Rücken auf den Tisch. Willig lässt sie alles mit sich geschehen und räkelt sich noch genüsslich dabei. Die Musik der Band spielt im Hintergrund.

Alles Weitere läuft nun wie von allein ab. Ich ergreife ihre Knöchel und spreize ihre Beine weit auseinander. Mir bietet sich ein unheimlich geiler Anblick. Ihre ganze feuchte Schönheit liegt nun offen vor mir und ich bin kurz davor, zu explodieren …

Nach einer Dreiviertelstunde ist der Sturm vorbei und ich lasse endlich von ihr ab bzw. sie von mir. Ich versuche wieder halbwegs zur Besinnung zu kommen. Ein kräftiger Schluck Wodka wird mir schon helfen!

Doch es kommt anders als erwartet. Es trifft mich ohne Vorwarnung: Ich breche geistig zusammen. Keine Ahnung, warum. Das zuvor aufwendig aufgebaute Gerüst stürzt ein. Scheinbar grundlos – oder will ich nur den eigentlichen Grund nicht wahrhaben? Sicherlich: Es spielen mehrere Faktoren zusammen. Erstens bin ich voll gepumpt mit Kokain, zweitens rührt sich – spät, aber doch – mein schlechtes Gewissen, als ich an Gabriela denke, und drittens bin ich dienstlich unterwegs und hätte mich nicht hinreißen lassen dürfen.

„Na, alles in Ordnung?" Meine Gespielin sieht mich prüfend an.

„Sicher. Alles bestens, kein Problem", entgegne ich und wanke in Richtung Ausgang.

Die Musik dröhnt im Lokal und ich finde Lubo schlafend in einer Ecke. Der von Branko akquirierte Leibwächter säubert flink einen Platz am Tisch und stellt ein frisches Glas vor mich hin. Ich wecke Lubo und gebe ihm zu verstehen, dass ich aufbrechen will. Er macht nicht den Eindruck, als hätte er etwas von dem mitgekriegt, was ich soeben gesagt habe; also wiederhole ich das Ganze gegenüber seiner Begleiterin und wende mich zum Gehen.

Vor dem Lokal stehen einige junge Leute und verabschieden sich von mir, als würden sie mich schon ewig kennen.

Ich steige ins Auto. Der Morgen graut bereits und mir ist sonderbar zumute.

In meinem Zustand hätte ich gar nicht mehr fahren dürfen. Sehr langsam fahre ich den Gürtel entlang. Eine Ampel zeigt Rot und ich nütze die kurze Zeit, um mein Äußeres im Rückspiegel zu betrachten. Ich erschrecke vor mir selbst. Bei der nächsten Möglichkeit biege ich rechts ab und parke mein Auto ein.

Noch ein ungläubiger Blick in den Spiegel. Das Entsetzen packt mich: Meine Pupillen haben die Größe von Wagenrädern, meine Lippen sind völlig ausgetrocknet und weisen eine eigenartige Färbung auf. Dunkle Ränder haben sich unter meinen Augen gebildet und meine langen, normalerweise sehr gepflegten Haare hängen fett und stinkend in mein Gesicht. Ich fühle mich durch und durch miserabel.

Ich steige aus dem Wagen und gehe zu Fuß zum nächsten Taxistandplatz.

Soeben geht die Sonne auf. Ihre Strahlen vollbringen wahre Wunder, sie versetzen mich sofort in bessere Stimmung. Körperlich jedoch ist es schlimm um mich bestellt. Ich zittere am ganzen Körper und meine Nase beginnt auf einmal stark zu rinnen.

„Na, sind wir ein bisschen verschnupft?“, bemerkt der Taxilenker spöttisch und ich verstehe genau, was er damit sagen will.

„Ja, warum? Stört Sie vielleicht meine Rotzerei?“, gebe ich zurück. Im gleichen Atemzug bereue ich meine bissige Antwort; wahrscheinlich wollte der Fahrer nur freundlich sein.

Aus schlechtem Gewissen gebe ich ihm ein fürstliches Trinkgeld und wanke die letzten Meter heimwärts.

Es ist bereits sieben Uhr Früh, als ich die Tür aufsperren will. Doch mein Schlüssel stößt auf Widerstand: Gabriela hat ihren Schlüssel (absichtlich?) stecken lassen. Was nun? Mir bleibt nichts anderes übrig, als zu klopfen. Nichts rührt sich. Ich versuche es noch einmal mit lauterem Klopfen. Aber die Tür bleibt verschlossen. Ich wähle vom Handy die Festnetznummer an. Bis ins Stiegenhaus kann man das Läuten hören. Erst nach dem zehnten Klingelzeichen höre ich im Vorzimmer das Klappern von Gabrielas Holzpantoffeln. Dann wird der Hörer abgehoben und gleich darauf wieder aufgelegt. Tuuut-tuuut-tuuut ... Die Eingangstür wird aufgerissen und Gabriela schaut mich bitterböse an.

„Toller Anblick, mein Partner. Genau so stelle ich mir mein Leben vor."

Ich weiß nichts zu entgegnen und gehe an ihr wortlos vorbei ins Schlafzimmer.

Als ich voll bekleidet im Bett liege, setzt sie sich zu mir und beginnt mit ihrem Verhör. Ich hätte es nicht besser gekonnt. Ich bemühe mich, ein paar Worte der Beschwichtigung herauszubringen. Vergebens. Viel zu oft hat sie schon Verständnis gezeigt. Aber jetzt ist das Maß voll.

„Es ist besser, wir trennen uns. Du hast mir schon so oft versprochen, deinen Job zu wechseln, und hast dich nicht daran gehalten. Ich kann nicht mehr. Ich will nicht immer Angst um dich haben, und wenn du dann stinkend und lallend nach Hause kommst, hab ich auch nichts von dir. Du tust mir sehr Leid. Schade auch um unsere Beziehung, die eigentlich keine mehr ist."

Ich ertrage nicht, dass sie Mitleid mit mir *hat. Also hole ich zum verbalen Gegenschlag aus:*

„Stell dir vor, ich plane demnächst einen Scheinkauf von über drei Kilo Suchtgift. Eine sehr große Sache. Heute musste ich sogar, um nicht als Drogenfahnder erkannt zu werden,

selbst Kokain schnupfen. Die Aktion wäre sonst geplatzt. Mir geht es jetzt abscheulich. Siehst du, was ich alles für diesen Beruf machen muss?"

Der Schuss geht dummerweise nach hinten los.

„Wie bitte? Was hast du gerade gesagt? Du hast selbst Gift genommen? Andere bringst du deswegen hinter Gitter, aber du besorgst dir selbst welches. Ich glaube, ich bin noch nicht richtig wach!"

„Ich hatte keine andere Wahl. Der Großdealer hat mich auf die Probe gestellt. Wenn ich nicht selbst konsumiert hätte, wäre der Deal geplatzt. Ich bin deshalb noch lange nicht süchtig. Wenn alles nach Plan läuft, bewahre ich mindestens 5000 Menschen vor dem Stoff", versuche ich sie zu beruhigen. Gelingt aber nicht.

„Ich will keinen Partner, der es so schlimm mit seiner Arbeit treibt wie du. Ein Partner sollte entlasten und nicht selbst noch eine Last sein. Ich bin am Ende mit meinen Kräften. Ich fahre jetzt zu meinen Eltern ins Waldviertel und bleibe drei oder vier Tage dort. Wenn ich zurückkomme, will ich dich hier nicht mehr sehen. Und wisch dir das Rouge von deinem Hemd, bevor du es in mein Bettzeug schmierst."

Mit diesen Worten kündigte mir Gabriela unwiderruflich und endgültig unsere langjährige Partnerschaft auf.

Im Schlafzimmerschrank suchte sie hastig einige Sachen zusammen, verstaute diese in ihrer Sporttasche und verließ wortlos das Zimmer.

Zwei Minuten später kam sie wieder herein und meinte, sie werde meinen Bingo mitnehmen; ich hätte ja sowieso keine Zeit für ihn, und bei ihren Eltern auf dem Land würde es ihm besser gehen als bei mir.

Der nächste Tiefschlag. Jetzt konnte nichts Ärgeres mehr passieren.

Ich versuchte zu schlafen. Ein Ding der Unmöglichkeit. Erstens wirkte die Droge noch immer und zweitens war ich völlig durcheinander und nervlich so angeschlagen, dass an Schlaf nicht zu denken war. Was sollte ich tun? Ich tappte zum Kühlschrank und kippte den letzten Wodka hinunter.

Irgendwann am späten Nachmittag erwachte ich. Mit einem Schlag holten mich die Geschehnisse der letzten Nacht wieder ein. Mein Kopf dröhnte und meine Stimmung befand sich am totalen Tiefpunkt. Gabriela fiel mir ein. Jetzt ist sie wenigstens erlöst von mir. Sie hat etwas Besseres verdient als die ständigen Probleme. Schau jetzt auf dich selbst, sprach ich mir ein wenig Trost zu.

Ich entwarf einen Katastrophenplan. Der sah folgendermaßen aus:

Punkt eins: Rette dein gesamtes Hab und Gut.

Ich musste innerhalb der nächsten Tage alles aus ihrer Wohnung entfernen, was mir gehörte, um zu verhindern, dass ich sie in schwachen Momenten anrief, um die „vergessenen" Sachen abzuholen und sie dadurch zwangsweise wiedersah.

Punkt zwei: Ich werde sie unter keinen Umständen anrufen.

Leider kenne ich mich nur zu gut: Eine melancholische Minute in Alkohollaune genügt, um mein Hirn auf Autopilot zu schalten; schon wählen meine Finger wie ferngesteuert ihre Nummer. Anschließend macht mein weinerliches Gebrabbel mich vollends zum Trottel. Aber Weinkrämpfe sind würdelos.

Was mache ich, wenn sie mich anruft? – Ganz einfach: Ich werde weibliches Gelächter auf meine Mobilbox speichern. Das würgt Mitleidsanfälle von ihrer Seite ab.

Punkt drei: Ich werde Zeichen setzen, dass ich wieder zu haben bin.

Zum Beispiel durch Autoaufkleber: „Ist das dein Airbag oder freust du dich nur mich zu sehen?“ Betrachterinnen erkennen mich dann sofort als Single.

Ich nahm mir meinen Einsatz- bzw. Katastrophenplan sehr zu Herzen und versuchte mich strikt an alle Punkte zu halten.

Jetzt fühlte ich mich einigermaßen gerüstet für die Zukunft. Und das bereits zehn Stunden nach dem Ende einer sechsjährigen tollen Beziehung. Bei dem Gedanken überkam mich wieder tiefe Traurigkeit. Schluchzend legte ich mich aufs Bett und schlief irgendwann ein.

Am nächsten Morgen suchte ich meine Habseligkeiten zusammen und fuhr mit voll bepacktem Auto zu meinem Büro.

Die wichtigsten Gebrauchsgegenstände verstaute ich einstweilen in meinem Schrank. Meinem Chef gab ich zu verstehen, dass ich wieder Single sei und daher in der Arbeit mehr Gas geben könne.

Er schüttelte nur den Kopf und lud mich für den Abend zu einer Junggesellenparty bei seinem Freund und Informanten im Puff ein.

Das tat gut.

Branko meldete sich bereits nach zwei Tagen. Ich zögerte jedoch unseren Scheinkauf noch eine Woche hinaus. Der Grund war, dass ich meine dunkelhaarige Schöne jeden Tag für ein paar Stunden traf; das wäre nach dem gelungenen Scheinkauf nicht mehr möglich gewesen. Spätestens ab diesem Zeitpunkt konnte ich mir nicht mehr einreden, dass sie Teil meiner Tarnung sei.

Branko hatte als Übergabeort eine stark belebte Straße gewählt. Durch einen kleinen Fehler eines Zugriffsbeamten konnte er in der Menschenmenge entkommen, verursachte jedoch bei seiner Flucht einen schweren Verkehrsunfall und wurde schließlich nach einer Verfolgungsjagd von der Gendarmerie festgenommen.

Das Gericht verurteilte ihn zu vier Jahren unbedingter Haft.

Lubo und Biljana, die an der Übergabe ebenfalls beteiligt waren, erhielten jeweils zweieinhalb Jahre unbedingte Freiheitsstrafe.

Und wie sah ich das Ende dieser Geschichte? Manch einem wird die Freiheit gegen seinen Willen entzogen. Manch einem wird sie gegen seinen Willen gegeben.

Die Mutter aller Informationen

Mein letzter Erfolg lag nun schon mehr als einen Monat zurück. Dieser Umstand machte mir sehr zu schaffen. In meiner Abteilung war das nicht weiter schlimm; jeder meiner Kollegen wusste, dass ich kein arbeitsscheuer Typ war und der Erfolg sich nicht auf Knopfdruck einstellt. Möglicherweise verhielten sich die Dealer im Moment besonders vorsichtig oder es war zu wenig Stoff im Umlauf. Oder unsere Informanten einfach zu faul.

Ich quälte meine V-Männer und -Frauen mit Anfragen, ob sie vielleicht schon auf mich vergessen hätten. Ich, der erfolgsgewohnte Undercover-Agent, wäre sogar mit einer kleinen Menge Suchgift zufrieden gewesen.

„Mach dir keinen unnötigen Stress, fahr ein paar Tage fort und entspann dich“, schlug mein Chef mir vor.

Wie konnte ich einfach wegfahren und die gesamte Arbeit zurücklassen? Wo doch ohne mich nichts lief! – So dachte ich damals. Ich wusste zwar haargenau, dass ich nicht wirklich gebraucht wurde, aber ein anderer Teil von mir beharrte darauf, unentbehrlich zu sein. Besonders seit ich wieder Single war, sollte meiner Meinung nach alles noch viel besser funktionieren! Tat es aber leider nicht …

Das Paradoxe an der Geschichte war, dass ich in meinem Job viel mehr Erfolg hatte, als ich noch privat unter Stress gestanden war. Ich fand keine Erklärung, warum jetzt plötzlich nichts mehr so lief wie früher. Mir fehlte auch das gewisse Prickeln, das sich stets bei gefährlichen Aktionen eingestellt hatte.

Letztlich gab ich mich geschlagen und nahm mir eine Woche Urlaub – was zu viel gesagt ist, denn mir genügten vier Tage, genauer gesagt ein verlängertes Wochenende, um einen Kurztrip nach Italien zu unternehmen. Ich hätte ja etwas Wichtiges in Wien versäumen können!

Robert, mein bester Freund und ebenfalls seit einiger Zeit Single, musste erst lang überlegen, ob er als Selbstständiger es sich leisten könne, seine Firma für ein paar Tage sich selbst zu überlassen und mit mir nach Grado zu fahren. Nach einem ausgiebigen Besuch im Bermuda-Dreieck* konnte ich Robert schließlich um fünf Uhr Früh davon überzeugen, dass die Firma ohne ihn zurechtkommen würde und er auch einmal an sich selbst denken sollte. Er brauchte mich nur von der Seite ansehen und ich wusste, dass ich mir selbst etwas vormachte. Wir lachten schallend darüber.

Wie besprochen holte ich Robert am nächsten Tag um vier Uhr Früh ab und los ging unsere Italienreise.

Auf der Autobahn versuchte ich krampf- bzw. krankhaft mein schlechtes Gewissen zu beruhigen, was mir kurzzeitig auch gelang, als wir die Staatsgrenze passierten. Die italienischen Straßenbezeichnungen und die wohltönende Sprache versetzten mich vorübergehend in

* ein bekanntes Wiener Lokalviertel

eine richtige Hochstimmung und bereits am Nachmittag konnte ich mich bei Chianti und Riesengarnelen angenehm entspannen. In einer solchen Umgebung fällt das auch nicht schwer. Die hübschen Italienerinnen mit ihrem modischen Chic ließen mich meinen nervenaufreibenden Dienst in der Wiener Szene vollends vergessen. Für mich ist Norditalien absolut sehenswert und ein ideales, fast greifbar nahes Erholungsgebiet.

Mein Chef hatte mit seiner Voraussage Recht behalten und ich war ihm in diesem Moment sehr dankbar … Hätte ich bloß nicht das Wort „Chef“ gedacht! Sofort machten sich meine Gedanken selbstständig und ich drohte wieder in meinem gewohnten, selbst auferlegten Stress zu versinken. Es klingt vielleicht übertrieben, aber mein Beruf hatte mich so in seinen Bann gezogen, dass ich nicht leicht abschalten konnte.

Während ich diese Zeilen verfasse, muss ich mir selbst eingestehen, dass ich es bis heute nicht geschafft habe, jenen Lebensabschnitt gedanklich zu verarbeiten und im Geiste abzuhaken, obwohl ich schon eine geraume Zeit nicht mehr dieser Berufung nachkomme.

Wie auch immer, in dieser warmen italienischen Sommernacht fielen uns noch allerlei Blödheiten ein und um drei Uhr morgens landeten wir bei einer von deutschen Urlaubern organisierten Strandparty. Dass mir die restliche Nacht nicht langweilig wurde, dafür sorgte schon eine gewisse Martina …

Ein reichhaltiges Frühstücksbufett erwartete uns in unserem kleinen Hotel außerhalb von Grado. Wir gönnten uns Unmengen an Prosciutto und tranken, um wieder halbwegs munter zu werden, Cappuccino.

Das Wetter war unbeschreiblich schön und wir beschlossen eine Strandtour zu unternehmen. Im Zimmer packte ich hastig einige Badesachen ein.

Dann ein kurzer Blick auf das Display meines Handys. Ich hatte eine Nachricht erhalten. Sollte ich die Mailbox abhören oder lieber doch nicht? Schließlich siegte die Neugier und ich erkannte beim Abhören die Stimme eines Kriminalbeamten vom Sicherheitsbüro.

„Hallo, du, hoffentlich störe ich dich nicht, aber könntest du mich bei Gelegenheit anrufen? Ich hätte einen Zund für dich …"

Offenbar wusste der Kollege nicht, dass ich mich gerade in Italien aufhielt. Die Nachricht versetzte mir einen leichten Schock. Warum musste ich ausgerechnet jetzt, wo ich es gewagt hatte, mich für einige Tage aus Wien zu entfernen, dieses Angebot erhalten?! Was sollte ich bloß machen? – Die einfachste Sache der Welt: die Meldung ignorieren und nicht zurückrufen. Schließlich war ich nicht verpflichtet, im Urlaub, den ich noch dazu im Ausland verbrachte, dienstlich aktiv zu werden.

Ich löschte die Mitteilung und begab mich zu Robert an den Strand.

Wir hatten Glück und konnten noch einen schattigen Platz unter einem Sonnenschirm ergattern. Mein Handy hielt ich fest umklammert, während ich es mir auf meiner Liege bequem machte.

„Alles in Ordnung?", fragte mich Robert mit einem misstrauischen Blick und ich antwortete mit einem flüchtigen Kopfnicken.

Grübelnd beobachtete ich das Getümmel vor mir und fühlte mich leicht genervt durch die schreienden und umhertollenden Kinder.

„Was ist eigentlich los mit dir? Du hast schon wieder

deinen komischen Jägerblick aufgesetzt. Hier gibt es keine Verbrecher, und wenn, dann geht es dich jetzt nichts an", meinte Robert und sah mich prüfend an.

In diesem Moment läutete sein Handy. So, jetzt hast du's, dachte ich schadenfroh und hörte Robert mit seiner Sekretärin telefonieren. Nachdem er sein Handy abgeschaltet hatte, verfiel auch er in eine gewisse Lethargie und jetzt konnte ich mich nicht länger zurückhalten.

„Na, was ist los? Kannst du dich von deiner Arbeit nicht trennen?" Uns fiel das Absurde an dieser Situation auf und wir mussten lauthals lachen.

„Ich hole mir etwas zu trinken. Willst du auch was?", fragte ich und stand auf um zum Supermarkt zu gehen. Am Weg dorthin drehte ich mich kurz zu unserem Liegeplatz um und konnte beobachten, wie Robert hastig zu seinem Handy griff und eine Nummer wählte.

Was der kann, kann ich auch, dachte ich und rief meinen Kollegen im Sicherheitsbüro an.

„Hallo, ich bin's. Was gibt's? Du hast mir auf die Mobilbox gesprochen."

„Ja, gut, dass ich dich erreiche, aber es hat sich soeben erledigt. Dein Chef hat mir gesagt, dass du in Italien bist. Also nichts für ungut und danke für deinen Rückruf."

„Halt! Worum geht es eigentlich?", schrie ich jetzt ins Telefon. Ich konnte meine Neugier nicht länger bezähmen.

„Ich hätte einen Informanten, der einiges draufhat, aber da du ja nicht hier bist, gebe ich ihn an einen anderen Kollegen deiner Gruppe weiter."

„Ganz sicher nicht! Ich bin in drei Tagen wieder in Wien und so lange wird der Zund doch wohl Zeit haben, oder?", stieß ich entrüstet hervor.

„Geht leider nicht, da der Informant einen brisanten

Job hat und man ihn nicht warten lassen kann", erklärte mir der Kollege vom Sicherheitsbüro. Ich begann innerlich zu kochen.

„Bitte wart noch ein paar Minuten, ich ruf dich gleich zurück!" Meine Stimme überschlug sich vor Erregung und ich konnte am anderen Ende der Leitung ein lachendes „Geht in Ordnung!" vernehmen.

Was sollte ich jetzt tun?

Anstatt meinen Weg zum Supermarkt fortzusetzen, drehte ich auf dem Absatz um und eilte zum Strand zurück. Scheinheilig erkundigte ich mich bei Robert, was in seiner Firma los sei. Er ignorierte jedoch meine Frage und wollte wissen, wo die Getränke geblieben seien und mit wem ich so hitzig auf der Straße telefoniert hätte.

Nach einem kurzen Gespräch waren wir uns einig, unseren wahrlich kurzen Kurzurlaub abzubrechen. Wir hasteten zu unserer Unterkunft, packten binnen zehn Minuten unsere Sachen und setzten uns auch schon Richtung Wien in Bewegung.

Während der Fahrt sprachen wir kaum ein Wort miteinander – nicht aus einer bösen Stimmung heraus, sondern weil wir beide so sehr in unsere Gedanken vertieft waren. Keiner konnte dem anderen einen Vorwurf machen. Zu ähnlich waren wir uns beide in unserer Einstellung. Ich war insgeheim froh darüber, dass ich nicht allein mit meiner übertriebenen Arbeitsmoral dastand.

Am späten Nachmittag kamen wir glücklich in Wien an und ich ließ Robert bei seiner Computerfirma aussteigen. Diese war zum Glück nicht weit vom Sicherheitsbüro entfernt, sodass ich fünf Minuten später vor meinem Kollegen stand und ihm Löcher in den Bauch fragte.

„Du Giermaul! Ich hätte den Job schon fast einem deiner Kollegen gegeben … Aber eigentlich bin ich froh, dass *du* jetzt da bist. Eine 43-jährige Frau hat sich als Informantin angeboten. Wir haben sie vor noch gar nicht allzu langer Zeit mit einer größeren Menge Heroin eingesperrt.

Die Schlaue stellte sich für einen Dealer als Bunker zur Verfügung und versteckte die Ware in ihren Krücken. Nur leider kamen wir ihr auf die Schliche und somit …"

„Ja toll, und was ist so Besonderes an ihr?" – Warum brauchte der Kollege so lange, um zum Wesentlichen zu kommen?!

„Nun, diese Person kennt sehr viele Leute aus dem Untergrund, und da sie noch eine längere Haftstrafe offen hat, bot sie sich eben als V-Person an."

„O.k. Wann organisierst du ein Treffen, wenn es schon so wichtig ist?", wollte ich voll Ungeduld wissen.

„Am besten noch heute Abend. Du gehst in ihr Lokal im zweiten Bezirk. Ich sage ihr Bescheid, dass jemand kommt. Alles Weitere ist deine Sache – wie immer."

Eine halbe Stunde vor der vereinbarten Zeit war ich beim angegebenen Lokal und sah mir die Umgebung genauer an. Man musste immer vorsichtig sein, da die Informanten auch keine Kinder von Traurigkeit waren und wir stets mit allem zu rechnen hatten. Manche Informanten boten sich aus dem einfachen Grund an, um die Undercover vor den eigenen Freunden zu enttarnen. Das spielte sich folgendermaßen ab: Sie baten den Agenten zu einem Treffen in ein Lokal, in dem sich mehrere Strizzis aufhielten, die einfach nur mal das Gesicht eines Bullen sehen wollten. Es konnten vor dem Lokal aber auch Typen warten, die auf die Polizei schlecht zu sprechen waren und an einem Undercover-Agenten Rache nehmen wollten.

Auf alle Fälle war Vorsicht geboten. Ich konnte nichts Auffälliges entdecken und so begab ich mich guter Dinge ins Lokal. Da saßen etwa zehn Gäste, die nicht unbedingt der gefährlichen Spezies zuzurechnen waren. An dem mit einem großen Aschenbecher gekennzeichneten „Stammtisch" saß eine rothaarige Dame. Zwei Krücken lehnten neben ihr an der Wand. Sie stellte sich als Iris vor. Eine recht nette Erscheinung gesetzteren Alters mit roten Haaren und ehrlichem Blick. Vor fünfzehn Jahren hätte sie mich durchaus reizen können …

Wir begrüßten einander und überbrückten die etwas angespannte Situation mit einem Glas Remy Martin. Wir verstanden uns von Anfang an gut.

Es ist sehr wichtig, dass zwischen dem Undercover und seinem Informanten ein gutes Einvernehmen besteht, da ein Zusammenarbeiten sonst nicht funktionieren kann.

Der langen Rede kurzer Sinn: Es ging wieder einmal um eine Jugo-Connection und um Heroin. Jimmy hieß der Übeltäter und handelte in großem Stil mit Heroin und Waffen.

„Ein dicker Fisch, der mir vertraut und dem ich schon einen Käufer für seine Ware vorgeschlagen habe. Jimmy ist nur mehr drei Tage in Österreich und die Zeit drängt, wenn die werte Polizei noch eine Aktion gegen ihn starten will", erklärte Iris verschmitzt.

In ihren Augen entdeckte ich einen besonderen Ausdruck, den ich jedoch in diesem Moment nicht deuten konnte. Ich musste auf der Hut sein. Von Iris wusste ich nur so viel, dass sie mehrere Vorstrafen wegen Eigentumsdelikten hatte. Vielleicht nahm ich an ihr den typischen Betrügerblick wahr? Wir sprachen unsere Vorgangsweise durch und vereinbarten ein Treffen mit Jimmy, das für den nächsten Tag vorgesehen war.

Punkt 14.00 Uhr traf ich bei Iris im Lokal ein und wartete auf den dicken Fisch namens Jimmy.

Er kam nicht. Iris musste jede Viertelstunde auf ihren Krücken zur 50 Meter entfernten Telefonzelle humpeln. In ihrem Lokal war das Telefon abgedreht und Handy besaß sie keines. Mein Diensthandy bot ich ihr aus gutem Grund nicht an; wer weiß, wen sie damit angerufen hätte! Wir kannten einander ja kaum.

Ich wartete zwei Stunden und verabschiedete mich schließlich enttäuscht von ihr.

„Tut mir Leid, dass es so gelaufen ist. Natürlich mache ich alles wieder wett, und sollte ich Jimmy nicht erreichen, habe ich noch andere Patienten im Talon“, versuchte Iris mich zu besänftigen.

Vom Auto aus rief ich im Sicherheitsbüro an und überschüttete meinen Kollegen mit sarkastischen Bemerkungen; immerhin hatte er mich aus Italien zurückbeordert, damit ich mit einem besonders guten und wichtigen Informanten zusammenarbeiten sollte. Bei Iris würde alles auf Anhieb funktionieren – ich hatte mich davon überzeugen können … Mein Kollege bemühte sich sehr mich zu beschwichtigen.

Der Zahnarzt

Am nächsten Morgen gegen 09.00 Uhr ruft mich Iris an. Sie hätte einen anderen potenziellen Dealer anzubieten. Es handle sich um einen iranischen Zahnarzt, der in der Opernpassage im Wiener Zentrum, besser bekannt als Karlsplatzpassage, Heroin vertreibe und vom Kleingeschäft genug habe.

Noch am selben Tag begebe ich mich mit ihr zur genannten Örtlichkeit und finde mich plötzlich inmitten schwer kranker Leute wieder. Da taumeln und lallen junge Menschen in der Passage herum. Ich werde x-mal angesprochen und um Geld angepumpt. Ein junges Mädchen, vielleicht 17 Jahre jung, liegt kotzend in einer Ecke in unmittelbarer Nähe des Ticketschalters, und der neben ihr stehende, bis auf die Knochen abgemagerte Rottweilermischling säubert den Platz rund um sein Frauchen.

Mir ist nicht sehr wohl in meiner Haut, zumal ich mich noch nie in dieser Szene bewegt habe.

Iris humpelt einige Schritte vor mir, als plötzlich ein zirka 40 Kilogramm leichtes Mädchen mit vom eingetrockneten Speichel weißen Lippen auf mich zutorkelt. Ich schätze ihr Alter auf höchstens 19 Jahre – und doch hat sie ihr Leben bereits hinter sich.

Sie riecht sehr streng und ihr Gesicht spottet jeder

Beschreibung. Schwer auf Heroin – jeder Dealer ist ein Mörder auf Raten, denke ich und habe damit zu kämpfen, meinen psychischen Zustand halbwegs im Lot zu behalten.

Jetzt bleibt Iris stehen und packt mich am Ellbogen. „Komm, wir müssen weiter", erinnert sie mich und zieht mich weg von der Schwerkranken.

Was für menschliches Elend hier am Karlsplatz anzutreffen ist! Aber ich muss mich auf meine eigentliche Aufgabe besinnen und den großen Heroinkäufer markieren.

Normalerweise ist es unmöglich, in dieser Szene mit größeren Mengen Heroin zu handeln, üblicherweise wechseln nur wenige Gramm ihren Besitzer.

Plötzlich kommt ein 1,90 Meter großer, stark tätowierter Kerl bedrohlich auf uns zu. Als der Abstand zwischen uns zu gering wird, hebe ich in einer Reflexbewegung mein rechtes Bein und treffe ihn so derb, dass er unsanft auf dem Rücken landet. Schreiend liegt er vor mir und kommt nicht mehr auf die Beine. Ich hatte nicht die Absicht gehabt, den Typ zu verletzen, aber es war keine besondere Kraftanstrengung nötig gewesen, ihn auf den Boden zu befördern. Da meine Augen – speziell in solchen Situationen – immer auf Radarempfang eingestellt sind, sehe ich, dass in diesem Augenblick die Tür des dortigen Wachzimmers aufgestoßen wird. Drei uniformierte Kollegen eilen auf uns zu und tragen Kettenhandschuhe. Sie nehmen uns drei gleich einmal in ihre Mitte und verfrachten uns ins Wachzimmer. Ich muss erklärend bemerken, dass ich für die Szene typische Kleidung trage und die Kollegen keinen Unterschied zwischen mir und dem Junkie machen. Also drehen sie meine Arme auf den Rücken und legen auch mir*

* Schutzhandschuhe gegen Verletzungen und Infektionen, insbesondere von Aids

Handschellen an. Der „Tintenfisch“ wird mehr schlecht als recht ins Wachzimmer geschleppt.

Drinnen trennen die Kollegen uns drei und befragen mich über den Grund der Auseinandersetzung.

Ich deklariere mich als Fahnder der EBS, aber die Kollegen wollen mir das nicht glauben. Einen Ausweis habe ich wie üblich nicht bei mir und so bringen erst einige Telefonate Klärung. Da meine Leitstelle über meinen aktuellen Einsatzort informiert ist, kann sie mich rasch aus meiner misslichen Situation befreien und bald sitze ich mit meinen Kollegen in einem Nebenzimmer des Stützpunktes und trinke Kaffee.

Was ich in diesem Moment nicht weiß: Der ganze Vorfall wird vom Zahnarzt beobachtet …

Meine uniformierten Kollegen zeigen sich sehr interessiert an meiner Tätigkeit und wollen möglichst viele Details erfahren. Also serviere ich ihnen einige Geschichten und erlebe die Diensthabenden dieses Wachzimmers als hoch motivierte und speziell gegen die Suchtgiftkriminalität ausgebildete Beamte.

„Die Dame mit den Krücken gehört zu mir“, gebe ich ihnen zu verstehen. Somit braucht auch Iris keine lästigen Fragen zu beantworten.

Nach einer guten halben Stunde gehen wir beide unseres Weges.

Vor uns steht der Zahnarzt. Ein schmächtiges Männchen, Anfang fünfzig. Brillenträger. Ganz unauffällig steht er in einer Ecke. Sein Blick schweift unablässig umher, nichts scheint ihm zu entgehen.

„Hallo du, wie geht's? Ich habe einen Freund von mir mitgenommen, der dir vielleicht helfen kann, ein bisschen mehr zu verkaufen“, beginnt Iris das Gespräch.

„Ja, das ist o.k. Ich möchte mich nicht mehr mit dem

Kleinkram herumschlagen, sondern richtige Geschäfte machen", gibt er mir in gebrochenem Deutsch zu verstehen.

Dieser Typ passt gar nicht in das Umfeld Opernpassage und wirkt noch dazu sehr intelligent.

„Wie viel brauchst du?", fragt er mich, nachdem wir einige Banalitäten ausgetauscht haben und nun mit der U-Bahn in Richtung Schwedenplatz fahren.

„Wenn die Ware in Ordnung ist, könnte ich 100 Gramm pro Woche verkaufen. Wie viel könntest du mir besorgen?"

„Da ich dich noch nicht so gut kenne, würde ich einmal einen Probekauf von 50 Gramm vorschlagen."

Ich willige ein und wir vereinbaren den Kaufpreis. Da er ein Einzeltäter ist und kaum eine Chance besteht, über ihn an Hintermänner zu gelangen, gehe ich auf einen Scheinkauf ein, bei dem er sofort verhaftet werden soll. Vielleicht erzählt er im Verhör etwas über seinen Kontaktdealer. Die Übergabe des Stoffs soll in der Wiedner Hauptstraße stattfinden.

Am nächsten Tag der übliche Ablauf: Besprechung im Sicherheitsbüro, Aufstellung des Observationsteams, da wir nie wissen, was die Gegenseite alles aufbieten würde.

Der Zahnarzt kommt, wir stellen uns in eine Hauseinfahrt, er übergibt mir ein größeres Päckchen mit Heroin und meint, darin seien 300 Gramm, ich brauche ihm das restliche Geld erst nach dem Verkauf der Ware abzuliefern. So ein Vollidiot, denke ich und gebe das Zugriffszeichen für die Kollegen.

Nichts geschieht. Wir befinden uns in einer kleinen Sackgasse. Dorthin hat das Observationsteam nicht mitziehen können. Darauf hätte ich achten müssen! Was ist jetzt los?!, denke ich und gebe ein zweites Mal das vereinbarte Zugriffszeichen. Noch immer rührt sich nichts.

Schön langsam werde ich nervös. Dem Zahnarzt entgeht meine Unruhe nicht. Er will sein Geld sehen.

„Ja, Moment, alles o.k.! Mein Freund steht mit seinem Wagen um die Ecke, er hat das Geld für die vereinbarten 50 Gramm."

Während wir in Richtung Wiedner Hauptstraße gehen, gebe ich abermals das Zugriffszeichen.

Endlich taucht mein „Freund" (ein Kollege der EBS) auf und fährt an uns vorbei. Ich sehe, wie er mit den Achseln zuckt, als wolle er mir zu verstehen geben: „Ich weiß auch nicht, wo die anderen sind."

Dann muss ich mir den Zahnarzt eben allein vornehmen! Doch kaum habe ich diesen Entschluss gefasst, sehe ich von allen Seiten vertraute Gesichter auf uns zukommen.

„Kennst du die Leute? Gehören die zu dir? Du brauchst ja keine Angst vor mir zu haben, wozu die vielen Leute?"

„Ja, die kenne ich alle und ich habe fürchterliche Angst vor dir. Aber jetzt solltest du *dir einmal Gedanken über deine Zukunft machen, denn die sieht nicht sehr rosig aus", kann ich mir eine sarkastische Bemerkung nicht verkneifen.*

Ich durfte anschließend wieder die gesamte Mannschaft auf ein Bier einladen und die Operation zu Ende besprechen. Ich konnte mich nicht genug über diesen naiven Typ wundern. So einer war mir überhaupt noch nie über den Weg gelaufen. Egal – wieder ein Dealer weniger und wieder ein paar Süchtige kurzfristig vor dem Tod gerettet! Das Traurige an der ganzen Sache ist nur, dass die Junkies sich früher oder später ohnedies selbst umbringen; aber wenn man überhaupt nichts dagegen unternimmt, geht es noch schneller.

Am selben Tag kontaktierte ich Iris und gratulierte ihr, weil sie den Deal so erfolgreich eingefädelt hatte. Der Zahnarzt war zwar nur einer von vielen kleineren Fischen, aber trotzdem ein netter Erfolg. Sie freute sich und gab mir zu verstehen, dass sie noch jemanden anzubieten hätte. Wieder ging es um eine größere Menge, zwar nicht von Heroin, sondern Kokain. Auch diese Aktion konnte rasch zu einem erfolgreichen Abschluss gebracht werden. Iris führte mich so gut bei den jeweiligen Dealern ein, dass diese nicht das geringste Misstrauen hegten.

In den folgenden eineinhalb Jahren ging ein Scheinkauf nach dem anderen über die Bühne und ich hatte kaum Zeit zum tief Durchatmen. Ich war in meinem Element und konnte Erfolg um Erfolg verbuchen. Viele Kilogramm Heroin, Kokain und andere Rauschgifte landeten in der Müllverbrennungsanlage, während die Dealer in den Knast wanderten. Nach und nach nahm das Verhältnis zu Iris privateren Charakter an, obwohl ich darauf achtete, einen gewissen Abstand zu ihr zu halten. Iris selbst war an einem Kontakt mit mir sehr interessiert, und jedes Mal wenn sie spürte, dass ich ihr gegenüber etwas auf Distanz ging, köderte sie mich mit einem neuen Fall. So hatte sie mich stets unter Kontrolle, denn es war ihr nicht entgangen, wie sehr ich an meiner Arbeit hing. Jeder potenzielle Täter hatte auf mich die gleiche Wirkung wie ein Knochen auf einen hungrigen Hund. Iris wählte die Dealer sehr professionell aus: Keiner kannte den anderen und konnte daher auch niemand warnen. Sobald wir sie dingfest gemacht hatten, versuchten sie ihre eigene Haut zu retten und verrieten andere. Den meisten ist eben das Hemd näher als der Rock.

Oft stellten wir uns die Frage, wie Iris an die guten Informationen kam, wer wohl hinter ihr stand. Leider gelang es weder meinen Kollegen noch mir, dieses Rätsel zu lösen.

Iris machte sich schließlich mit einem Schönheitssalon selbstständig. Durch Betrügereien häufte sie viel Geld an, fuhr einen großen Mercedes und hatte ein Haus mit Pool im südlichen Niederösterreich.

Nach wie vor versuchte sie alles, um mir persönlich näher zu kommen. Einerseits hätte der enge Kontakt gewisse Erfolge in der Szene gebracht, andererseits konnte sie meiner Laufbahn bei der Polizei schaden, da sie eine schwer kriminelle Person war. Auch bei meinen Vorgesetzten entwickelte sich bereits ein ungutes Gefühl, was Iris betraf. Sie hatte zu viele Dealer aufs Kreuz gelegt und war dabei immer unbehelligt geblieben, obwohl den Dealern nicht verborgen blieb, wem sie die Handschellen zu verdanken hatten. Auch der Umgang mit ihren „Freunden“, die sie mir im Lauf der Zeit vorgestellt hatte, war nicht unproblematisch. Wenngleich ich meine Tätigkeit als Undercover als eine der größten Herausforderungen in meinem Leben betrachte, muss ich rückblickend doch gestehen, dass sie sehr brutal war.

Schließlich gelang es mir, die Kontakte zu Iris auf ein bis zwei Treffen im Monat zu reduzieren, um sie mir „warm zu halten“. Iris spürte meine Zurückhaltung; sie änderte ihr Verhalten mir gegenüber. Ganz hatte sie ihre Hoffnung jedoch nicht aufgegeben, mich zurückzugewinnen. Immerhin war ich ihr sicherer Schutz vor dem Gefängnis.

Ich lernte eine Frau kennen. Sabine! Sie arbeitete als Kosmetikerin für Iris. Wir verstanden uns sehr gut und mit der Zeit entwickelte sich eine feste Beziehung zwischen Sabine und mir. Zu Iris hatte ich kaum noch Kontakt. Eine undurchsichtige Angelegenheit in ihrem kriminellen Umfeld, die meine Kollegen und ich nicht so recht einordnen konnten, brachte Iris hinter Gitter. Da sie nach so langer Zeit auf einmal keinen polizeilichen Schutz mehr genoss, drohten ihr nun mehrere Jahre Gefängnis. Angeklagt wurde sie wegen schweren gewerbsmäßigen Betrugs. Ihr Anwalt rief mich an und versuchte mich dazu zu bewegen, ihr zu helfen und sie möglichst rasch freizubekommen. Keine Kleinigkeit, wenn man bedenkt, dass Iris noch drei Jahre Vorstrafe offen hatte. Über ihren Anwalt ließ Iris mir bestellen: Sollte ich nicht alles Menschenmögliche unternehmen, um sie aus dem Knast zu holen, hätte das schlimme Folgen für mich.

Ich kannte Iris und ihre Vergangenheit mittlerweile gut genug um zu wissen, dass sie keine leeren Drohungen aussprach: Sie hatte schon einige Menschen auf dem Gewissen. Mir fiel der Boutiquenbesitzer ein, der sich vor etlichen Jahren ihretwegen erhängt hatte. Andere Leute waren in den Konkurs geschlittert.

Wie auch immer – ich wollte ihr einfach nicht mehr helfen. Sollte sie selbst sehen, wie sie sich aus dem Schlamassel befreite, in das sie sich durch eigenes Verschulden manövriert hatte! Ihre Drohungen nahm ich nicht ernst. Was sollte sie *mir* anhaben können?

Wer mit Hunden
schlafen geht,
wacht mit Flöhen auf

Ich war nun schon eine geraume Zeit mit Sabine zusammen und trat in meinem Beruf etwas kürzer – soll heißen, dass ich meine Arbeit nicht mehr hundertzwanzigprozentig, sondern nur hundertprozentig erledigte … Ich tat meinen Dienst nach wie vor aus Überzeugung, jedoch nicht mehr so enthusiastisch.

Wir besuchten meinen Vater in Kärnten und wollten einige Tage bleiben, um endlich wieder etwas auszuspannen. Die Stunden, die wir am Klopeiner See verbrachten, genoss ich in vollen Zügen. Es war das erste Mal seit meiner Zeit bei der EBS, dass mir die Entspannung richtig gut tat und ich mich nicht dazu zwingen musste.

Selbstverständlich lag mein Handy auch jetzt stets griffbereit. Trotzdem konnte ich eine innere Wandlung an mir feststellen. Hatte früher mein Dienst stets Vorrang vor dem Privatleben gehabt, bemühte ich mich nun um eine funktionierende Partnerschaft und glaubte nicht mehr permanent einsatzbereit sein zu müssen.

Nachdem ich den ganzen Tag intensiv Wassersport betrieben hatte, setzten wir uns am Abend gemütlich auf die Terrasse des Hauses meines Vaters und genossen das milde Kärntner Klima. In die Stille hinein läutete plötzlich mein Handy – musste es ausgerechnet jetzt sein?! – und es meldete sich ein Unterweltler, ein Freund von Iris.

„Hallo, Bulle. Ich soll dir von Iris ausrichten, dass es ihr da drinnen nicht sehr gut geht. Wenn du nach Hause kommst, kannst du was erleben“, meinte er kryptisch.

„Wie darf ich das verstehen?"

„Na ganz einfach, es kommt ein Riesenproblem auf dich zu, Bulle. Wart's ab, das wird dir sicher nicht schmecken!"

„Ihr könnt mich mal alle mit euren Geschichten! Lasst mich gefälligst in Ruhe! Ich stehe nicht immer für die Blödheiten von Iris gerade! Ich kann und will ihr nicht mehr helfen, sie muss ihre Scheiße selbst ausbaden."

In der Nacht fand ich lange keinen Schlaf; ständig geisterte das Gespräch durch meinen Kopf. Was konnte wohl gegen mich im Busch sein?

Gegen sechs Uhr Früh wachte ich schon wieder auf und wälzte mich unruhig im Bett von einer Seite zur anderen. Davon wurde Sabine munter und wollte wissen, welche – offenbar dienstlichen – Sorgen mich plagten. Ich erzählte ihr von dem abendlichen Anruf, und Sabine, die Iris schon lange kannte, entfuhr ein tiefer Seufzer. Klang nicht gerade beruhigend!

„Diese Frau ist so böse und falsch wie selten jemand; warum hast du dich eigentlich mit ihr eingelassen?"

„Habe ich nicht. Du kennst ja die ganze Vorgeschichte, sie war *der* Informant schlechthin und ich habe sie letztlich aus Sicherheitsgründen fallen gelassen."

Ich schlief wieder ein.

Unter Verdacht

Um acht Uhr morgens weckte mich das Läuten meines Handys.

„Servus, Kollege, hier Sicherheitsbüro, Hauptmann Mengerl spricht. Wir hätten einiges mit dir zu klären; wann kannst du zu uns kommen?“

Normalerweise wird ein Undercover-Fahnder von seinem eigenen Chef angerufen, wenn etwas nicht passt. Dass gerade dieser Hauptmann, der für Ermittlungen gegen straffällig gewordene Polizisten zuständig war, bei mir anrief, ließ bei mir die Alarmglocken schrillen. Also stimmte die Ankündigung des Unterweltlers! Irgendetwas war gegen mich im Gange und Iris steckte dahinter.

Meine Gedanken überstürzten sich und ich begann zu schwitzen. Was würde aus meiner Arbeit bei der EBS? Wir Undercover-Agenten liefen ständig Gefahr, wegen jeder Kleinigkeit, die unseren Vorgesetzten nicht passte, wieder zum Dienst in der Uniform abkommandiert zu werden. Dann verlor die Dienstzuteilung sofort ihre Gültigkeit. Das Dumme an der ganzen Sache war, dass ich mir den Dienst in der Uniform nicht mehr vorstellen konnte. Außerdem: Wenn ich es mir recht überlegte, hatten meine Vorgesetzen mir ja geraten, den Kontakt zu Iris abzubrechen. Dieser Umstand konnte mir doch jetzt nicht auf den Kopf fallen!

„Ich bin gerade bei meinem Vater in Kärnten und habe noch drei Tage Urlaub, worum geht es eigentlich?“, fragte ich den Offizier.

„Wir müssten etwas besprechen, aber persönlich. Wo genau bist du denn?“

Das „Wo genau bist du denn“ verhieß nichts Gutes! Ich gab darauf keine Antwort, sondern meinte nur, am nächsten Tag wieder in Wien sein zu können. Dass mich dieser Offizier anrief und sich so kryptisch äußerte, konnte nichts Gutes bedeuten! Und dazu noch die Frage nach meinem Aufenthaltsort! Mir fiel plötzlich wieder ein, dass es des Öfteren Streit wegen Iris im Sicherheitsbüro gegeben hatte.

Nicht nur einmal war es vorgekommen, dass wir mit Iris' Hilfe einen Dealer hinter Schloss und Riegel gebracht hatten, der einer anderen Einheit des Sicherheitsbüros als Zund diente. Zumeist ließen sich die Wogen wieder glätten, aber nicht immer. Meine Chefs hatten nie herausfinden können, ob es sich um bloße Zufälle handelte. Vielleicht führte ein Drahtzieher aus der Unterwelt dabei Regie.

Die nächsten Stunden waren für mich die Hölle. Ich rief alle möglichen Leute an, konnte aber nichts in Erfahrung bringen. Verdammt, warum standen meine Vorgesetzten plötzlich nicht mehr auf meiner Seite? Warum gaben sie sich mir gegenüber völlig bedeckt? Wenn ich das Glück hatte, sie überhaupt an den Apparat zu bekommen, dann logen sie drauflos; sie wüssten auch nichts Genaueres. Nach all den Jahren in totalem Einsatz fühlte ich mich von meinen Kollegen und Vorgesetzten verraten und verkauft. Ich zitterte am ganzen Körper und meine Familie konnte kein vernünftiges Wort mehr mit mir reden.

„Hallo, du, ich bin's. Ruf mich bitte unter folgender Nummer von einer Telefonzelle aus an!" Ein vertrauter Kollege war am anderen Ende der Leitung.

Von den Eindrücken der letzten Stunden benebelt, fuhr ich zu einer Telefonzelle und rief die genannte Nummer an.

„Hör mir gut zu: Bei deiner Wohnadresse stehen Leute des Sicherheitsbüros und eine Observationsgruppe. Es sind Männer von einer Einheit, die du nicht persönlich kennst. Es besteht gegen dich ein Haftbefehl. Das hat alles mit Iris zu tun. Ich bin sicher, die will dich aufs Kreuz legen. Am besten nimmst du dir einen Anwalt und fährst zum Landesgericht; das ist die einzige Möglichkeit, die dir momentan bleibt. Der Haftbefehl ist schon vom Richter unterzeichnet. Mach's gut. Verrat nicht, dass ich dir das erzählt habe."

„Natürlich nicht, aber ..."

Tüüüt-tüüüt.

Ich muss wohl eine ganze Weile in der Telefonzelle auf dem Boden gehockt sein, ohne etwas um mich herum wahrzunehmen. Warum?? Warum das ganze Theater? Was lief da gegen mich? Wie konnte ich so plötzlich in Ungnade gefallen sein?

Als ich mich aus der Erstarrung gelöst hatte, musste ich den ganzen Weg zum Haus meines Vaters zu Fuß zurücklegen, weil ich mich nicht mehr erinnern konnte, wo ich mein Auto geparkt hatte.

Ich besprach mit meiner Familie die Situation. Wie befürchtet kamen die üblichen Vorhaltungen: „Das hast du jetzt davon! Wie kann man sich nur so in die Arbeit hineinsteigern!" Was auch sie nicht begreifen wollten, war die Tatsache, dass die Kollegen auf einmal nicht mehr hinter mir standen, sondern einer amtsbekannten Betrügerin mehr Glauben schenkten als mir.

Es war nicht leicht, meinen Angehörigen erst einmal erklären zu müssen, wie es in meinem Beruf zugeht und welche Beweggründe unsere Informanten haben, sich so wild zu gebärden, wenn sie inhaftiert sind, etc. etc.

Ich habe schon einige Tiefschläge in meinem Leben hinnehmen müssen, aber dieser war einer der schlimmsten. Nicht der Umstand, dass Iris ihre Drohung wahr gemacht hatte und Rache an mir nahm, warf mich nieder. Nein, die Tatsache, dass – bis auf einen einzigen – keiner meiner Kollegen mehr auf meiner Seite stand. Waren wir nicht füreinander oft und oft durchs Feuer gegangen? Mehr als eine gefährliche Situation hatten wir gemeinsam gemeistert. Sollte das alles vergessen sein, plötzlich nicht mehr zählen? Es genügte, dass diese Betrügerin auf den Plan trat und mir irgendetwas anlastete – schon stand ich von einem Augenblick zum anderen völlig allein da. Oder gab es andere Personen dahinter, von denen ich keine Ahnung hatte? Ich konnte es nicht fassen!

Mein Vater, ein eingefleischter Bach-Blütenfanatiker und Homöopath, gab mir ein Fläschchen mit „Notfalltropfen". Sie sollten mir helfen, mich zu beruhigen und mein inneres Gleichgewicht wiederzufinden. Und wirklich, ich verfiel in eine Art Lethargie. Die große nervliche Belastung der letzten Stunden war wohl auch Auslöser für eine schwere Diarrhö (Durchfall), mit der ich während der dreistündigen Fahrt nach Wien gehörig zu kämpfen hatte. Vielleicht lag es auch daran, dass ich statt der empfohlenen Tagesdosis von zwanzig Tropfen gleich die ganze Flasche auf einmal leerte.

Jedenfalls war ich ausgeschlafen und guter Dinge, als Sabine mich vor dem Sicherheitsbüro aussteigen ließ. Ein flüchtiger Kuss und ich begab mich zum Büro, das mir während der Fahrt nach Wien telefonisch genannt worden war, und mit einer gewissen Neugierde, was mich hier zu erwarten hatte. Warum ich den Rat des einzig verbliebenen Kollegen, mit einem Rechtsanwalt ins Landesgericht zu fahren, nicht befolgt hatte, ist leicht erklärt: Ich war mir keiner Schuld bewusst und wollte die Angelegenheit sofort aufklären.

Beim Niederschreiben dieser Zeilen erlebe ich die schrecklichen Stunden noch einmal in allen Einzelheiten und so intensiv, als wären sie erst gestern gewesen. Dabei läuft mir eine Gänsehaut über den ganzen Körper.

Zum Verhör

Aber schön der Reihe nach!

Ich klopfe und öffne die Tür. Die Räumlichkeiten des Sicherheitsbüros befinden sich in einem alten Gebäude. An den Wänden hängen Fotos von sichergestellten Suchtgiften und von Toten, Zeitungsausschnitte mit Berichten über polizeiliche Erfolge. Einige verkümmerte Zimmerpflanzen zieren die Schreibtische, vereinzelt sieht man auch Familienfotos der Kollegen.

So wie bei uns im Büro der EBS, stelle ich fest.

Doch in diesem Moment fühle ich mich nicht als Kollege, der auf seine zahlreichen Erfolge in der Verbrecherjagd verweisen kann, sondern eher wie ein angeklagter Verbrecher.

Im Raum sitzen fünf Kriminalbeamte, mit denen ich bisher nie zu tun gehabt habe, und grinsen mich süffisant an.

„Nimm Platz, gleich da bei der Schreibmaschine."

Ich kenne keinen einzigen von ihnen mit Namen, nur flüchtig vom Sehen.

„Darf ich jetzt endlich während meines Urlaubs erfahren, worum es geht?", frage ich, immer noch in der lethargischen Verfassung, die ich der Riesenmenge an Bach-Blüten zu verdanken habe.

„Also, die Frau Iris hat einige Dinge von dir erzählt und mit ihrer Unterschrift bestätigt, die nicht gerade für dich sprechen.

Zum Vorhalt: Du hast wöchentlich 50–100 Gramm Kokain an Personen verkauft, die wir kennen. Du hast Koks von Personen, die du dienstlich kennst und eigenartigerweise nie eingesperrt hast, bezogen. Du bist selbst schwer kokainsüchtig. Weiters hast du gefälschte Führerscheine verkauft und unberechtigte EKIS* für die Unterwelt getätigt. Unter anderem hast du vertrauliche Hinweise bezüglich Suchtgiftrazzien sowie Hinweise und „gute Tipps" für Einbrüche an eine uns bekannte Person weitergegeben.

Außerdem bist du verdächtigt, im Rotlichtmilieu deine Finger im Spiel zu haben. Freundchen, die Anschuldigungen gegen dich sind so konkret und stichhaltig, dass wir das glauben müssen. Wir halten dich für schuldig. – Du bist ein mieses Kollegenschwein."

Mir bleibt die Luft weg. Langes Schweigen.

„O.k., und was soll ich jetzt eurer Meinung nach machen?"

„Nun – du könntest dir selbst helfen und einiges über deine Machenschaften erzählen. Es würde dir eine längere Haftstrafe ersparen, wenn du geständig bist. Wir haben belastende Unterlagen, die von einigen Kilo Koks sprechen. Wie gesagt, hilf dir selbst, dann hilft dir Gott! Erleichtere dir und uns die Arbeit, dann ist der ganze Spuk bald vorüber und du hast deine Ruhe. Deinen Job bist du sowieso los. Wenn du geständig bist, wirkt sich das verkürzend auf die Haftstrafe aus."

* Polizeiliche Daten und Computeranfragen

Meine Gedanken überschlagen sich. Mir fällt spontan das „Götz"-Zitat ein.

„Ich muss aufs Klo. Und nachher könnt ihr mit mir machen, was ihr wollt. Vielleicht den Kopf abschneiden? Oder Fingernägel ziehen oder einen Sack über meinen Kopf stülpen oder was?" Auf irgendeine Weise muss ich meine übergroße Wut loswerden.

„Immer langsam mit den jungen Pferden! Wir sind ja nicht im KZ.

Also noch einmal: Mach es dir doch leicht und erzähl uns von deinen Erfolgen, die du bei der EBS zu verzeichnen hattest. So viele Aufgriffe können doch nicht nur von polizeilicher Arbeit herrühren, oder?!"

Nun sitze ich also in der Dienststelle, mit der ich jahrelang eng zusammengearbeitet habe. Um die Vorwürfe gegen mich zu untersuchen, ist eine eigene Gruppe gegründet worden. Keiner der Kriminalisten, denen ich jetzt gegenübersitze, hat bisher mit mir dienstlich zu tun gehabt. Aber sie alle sind von meiner Schuld überzeugt. Das kann doch nicht wahr sein! Sie lassen mir nicht die geringste Chance. Sind das überhaupt noch Kollegen?

„STIMMT ALLES NICHT, diese Frau versucht sich doch nur freizukaufen, sie hat schon einige umgebracht bzw. einigen die Existenz zerstört, sie ist schon x-mal wegen Betrugs und Verleumdung vorbestraft – und ihr glaubt ihr alles?! Was soll das? Ihr wisst doch selbst ganz genau, wie es in unserem Job abläuft. Also bitte, was soll das Ganze? Was ist hier eigentlich los?"

„Wir müssen allen Vorwürfen nachgehen – und im Übrigen, hier ist dein Haftbefehl" sagt ein Kollege zu mir und hält mir ein vom Journalrichter des Landesgerichtes Wien unterzeichnetes Stück Papier unter die Nase. Geistesabwesend werfe ich einen Blick auf meinen

Haftbefehl. Ich kann nicht ein einziges Wort erfassen … Erst viel später habe ich dieses Schreiben, das mich vom Polizeidienst direkt in den Knast brachte, genau studiert. Mehrere Verbrechen wurden mir angelastet: Suchtgifthandel, Amtsmissbrauch, Anstiftung zum Einsbruchsdiebstahl und das alles unter Ausnützung meiner Stellung als Polizist.

„Aha, und jetzt?", will ich von dem Kollegen wissen.

„Wie du siehst, ist jetzt Schluss mit lustig", meint der Kollege nur und verlässt grinsend den Raum.

Nun weiß ich endlich, wie sich jemand fühlt, der verhört wird. Sonst bin ich immer auf der anderen Seite gesessen und habe so etwas einseitig betrachtet. Mir ist nie die Idee gekommen, mich einmal in die Psyche eines Menschen zu versetzen, der sonst auf meinem momentanen Platz sitzt.

Wenn man kein abgebrühter Verbrecher bzw. emotional sehr stabil ist, hat man einen sehr schweren Stand. Ich glaube, ich hätte in diesem Moment alles gesagt, nur um endlich Ruhe von den Kollegen zu haben und alles schnell hinter mich zu bringen. Mein Problem bestand lediglich darin, dass ich nichts zu gestehen hatte. In meinen Kopf liefen die letzten vier Jahre wie in einem Film ab. Ich sah, wie meine Kollegen und ich Festnahmen gemeinsam durchführten. Wie wir bei einem kontrollierten Suchtgifttransport im Konvoi mit 190 km/h über die Westaustobahn rasten und „alle für einen, einer für alle" waren.

Was mir am meisten zu schaffen macht, ist der Umstand, dass ich überhaupt in eine solche prekäre Situation hineinmanövriert werden konnte. Nicht einmal im Entferntesten wäre mir je der Gedanke gekommen, da zu landen, wo ich mich jetzt befinde.

Die psychologische „Behandlung“ der Kriminalbeamten artet in ein Fragespiel aus, das alle fünf Minuten ein anderer Kollege übernimmt.

Ich verspüre den unheimlichen Drang, irgendetwas zu erzählen, und so schildere ich meine Untergrundaktionen und frage meine Kollegen andauernd, wie ich aus der Sache herauskommen könnte.

„Das musst du selbst wissen, Herr Kollege, mach es dir doch nicht selbst so schwer. – Also gut. Beenden wir das grausame Spiel. Es ist schon sehr spät und du wirst sicher schlafen gehen wollen. Deine Freundin wird ja auch schon auf dich warten, oder?“, meint ein Kriminalbeamter zu mir.

„Das trifft zu. Hören wir jetzt endlich auf, ich denke, das reicht jetzt“, sage ich und fühle mich sehr ausgelaugt.

Endlich lassen sie mich gehen! Offenbar haben sie erkannt, dass die Aussagen von Iris nicht stimmen können.

„Du darfst jetzt deine Freundin anrufen und ihr sagen, dass du vorerst über Nacht bei uns bleibst, es sei denn, dir fällt irgendetwas ein, was du uns vielleicht erzählen möchtest. Ein nettes Einzelzimmer mit WC haben wir schon für dich reserviert.“

„Heißt das, ich muss dableiben, oder wie darf ich das verstehen?“, frage ich verunsichert nach. Wollen mich die Kollegen verarschen oder was ist los?

„Ja, wir sind jetzt auch schon sehr müde und du musst wegen Verabredungsgefahr bei uns bleiben.“

„Mit wem um Gottes willen soll ich mich denn verabreden?! Maximal mit einem Mädel, aber das wird in meiner momentanen Situation nicht gut funktionieren“, gebe ich belustigt zur Antwort.

„Na also. Deinen Humor hast du ja noch nicht verloren, aber der Journalstaatsanwalt hat gemeint, dass es besser wäre, wenn du die Nacht im Polizeigefangenenhaus schläfst. Wie du weißt, bleiben dir die obligaten 48 Stunden, um dir gut zu überlegen, wie du ein besseres Ende herbeiführen kannst. Wir sind ja keine Unmenschen und geben dir die Möglichkeit, dein Gewissen zu erleichtern. Das ist die Entscheidung der Justiz, wir können da gar nichts machen."

Diese Worte nehme ich wie aus weiter Ferne wahr.

Das Telefon wird mir einige Male zugeschoben, aber ich schiebe es jedes Mal wieder zurück. So geht es einige Zeit hin und her. Ich weigere mich Sabine anrufen; ich bringe es nicht über mich, sie von meiner Festnahme zu informieren.

„Gestehe endlich und du hast deine Ruhe."

So entschließe ich mich dazu, den Offizier, der die Einvernahme leitet, um ein Gespräch im Nebenzimmer zu bitten.

„Na endlich! Hast du's dir anders überlegt? Sehr vernünftig!", meint er.

Meinen Entschluss habe ich ganz spontan gefasst, ohne zu wissen, was ich ihm eigentlich erzählen soll. Ich möchte mit jemandem allein reden. Im Nebenraum setzt sich der Offizier nieder. Ich stehe vor ihm und bringe nur ein Stammeln zustande. Aus mir brechen die Fragen heraus, die mich am brennendsten beschäftigen: Wie kommt es, dass die Kollegen Iris mehr glauben als mir? Wie können sie so mit mir umspringen?

Einer Eingebung folgend falle ich jetzt sogar vor dem Kollegen auf die Knie – mit gefalteten Händen wie in der Kirche – und flehe ihn an, er solle mir sagen, was ich zu tun habe, um endlich heimgehen zu dürfen.

Seine Antwort: „Nenne uns deine Suchtgiftlieferanten und deine Abnehmer. Wo hast du die gefälschten Führerscheine machen lassen bzw. wo sind die gerade und wer hat sie? Wenn du uns das mitteilst, gehst du zwar trotzdem nicht gleich heim, aber ein Geständnis sieht vor dem Richter immer gut aus."

Ich resigniere. Es besteht keinerlei Verhandlungsbasis zwischen den Kollegen und mir. Iris hatte ihnen eine so perfekt klingende Mär aufgetischt, dass man sie einfach glauben musste. So viel zum Thema „Eine Krähe hackt der anderen kein Auge aus".

Ich nehme endlich den Telefonhörer zur Hand und rufe Sabine an.

Um sie nicht zu sehr zu beunruhigen, beschränke ich mich auf den Hinweis, dass noch nicht alles restlos geklärt sei und ich daher noch etwas länger bleiben müsse. „Mach dir keine Sorgen, es kann mir nichts passieren!", verabschiede mich von ihr.

Ihre Antwort weiß ich heute nicht mehr. Ich kann mich nur dunkel daran erinnern, dass mir der Hörer aus der Hand genommen wurde.

„So, jetzt brauchen wir noch deinen Dienstausweis. Du kannst dir sicher vorstellen, dass du suspendiert bist. Und morgen Früh geht es in aller Frische weiter."

Ein anderer Kollege fordert mich auf mit ihm zu gehen. Wir durchqueren mehrere dunkle Gänge des Sicherheitsbüros, um zum Polizeigefangenenhaus zu gelangen, das direkt an das Gebäude anschließt und im Volksmund „Liesl" heißt.

Eingesperrt

Dort angekommen, werde ich bei der „Rezeption“ in Empfang genommen und in einen zwei mal zwei Meter kleinen Raum mit einem Holzverschlag auf dem Boden verfrachtet. Dieser Verschlag erinnert mich an die Zwinger der Diensthundeabteilung. Hinter mir fällt eine schwere Eisentür ins Schloss, wird aber Sekunden später schon wieder geöffnet.

„Ausziehen!“, befiehlt ein uniformierter dicker Kollege und beobachtet mich sehr genau dabei. Ich rieche meine starke Ausdünstung. Kein Wunder. Der Tag war schweißtreibend in zweierlei Hinsicht: einerseits durch die hochsommerlichen Temperaturen, andererseits durch die große nervliche Anspannung. Jetzt stehe ich nur mit Socken und Unterhose bekleidet im Raum und warte auf weitere Instruktionen. Sie lassen nicht lange auf sich warten.

„Ois ausziagn, hob i g'sogt!“*, gibt der Kollege bereits leicht gereizt Anweisung.

„Host ned g'sogt“, gebe ich bissig zurück und darf mir dafür ein paar Nettigkeiten anhören.

Ich ziehe mich wie gewünscht komplett aus. „Kommt

* „Alles ausziehen, habe ich gesagt!“

jetzt der Aufguss?" Immerhin besitze ich noch so etwas wie Galgenhumor.

„Umdrahn und bucken!", ertönt das nächste Kommando.

Schreckliche Ahnungen steigen in mir hoch: Der will mich trotz meines Gestankes von hinten nehmen! Mir bleibt keine andere Wahl und so tue ich, was er von mir verlangt. Aber sollte er es wagen, mich auch nur zu berühren, wird er meine Antwort noch lange spüren können … Mir ist ganz gleich, wie hart sie mich nachher dafür bestrafen!

Ich stehe also in gebückter Haltung in einem Abstand von zwei Metern vor ihm und beobachte zwischen meinen Beinen hindurch den Kollegen. Er befindet sich in einer tiefen Hocke und sieht sich meinen Anus an. Dann kommt die nächste Anweisung: „Huast amoi, Kollege."[1]

Ich komme seinem Begehren nach. Er kann von Glück reden, dass sich die Wirkung der Bach-Blütentropfen längst verflüchtigt hat, sonst würde sein Gesicht jetzt eine andere Farbe aufweisen …

Der Sinn dieser Aktion ist folgender: Hätte ich in besagtem Körperteil etwas versteckt gehabt, wäre das durch das Bücken und Husten zum Vorschein gekommen. Diese Vorgangsweise war mir zwar bekannt, ich habe sie jedoch niemals selbst erlebt. Jetzt bin ich um eine Erfahrung reicher.

„Kaunst di wieda auziagn."[2]

Gesagt, getan. Ich schlüpfe wieder in meine stinkende, verdrückte Kleidung. Dann muss ich meine Schuhbänder und alle Gegenstände, mit denen ich mir selbst Schaden

1 „Huste einmal, Kollege!"
2 „Du kannst dich wieder anziehen."

zufügen könnte, abgeben. Das trifft mich sehr hart, denn ich achte stets auf ein gepflegtes Äußeres. Aber verglichen mit den auf einer Holzbank wartenden Häftlingen sehe ich immer noch piekfein aus.

Ein anderer uniformierter Kollege schickt mich anschließend in den zweiten Stock, um mich anzumelden.

Der dort sitzende Beamte nimmt sich meiner väterlich an. „Aha, der Herr Kollege. Was haben sie denn mir dir aufgeführt?", fragt er und ich glaube aus seiner Stimme ehrliches Bedauern herauszuhören.

Wie wohltuend! Die ersten netten Worte, seit ich hier bin.

Bevor ich zu einem Redeschwall ansetzen kann, werde ich in eine geräumige, zirka zwei mal drei Meter große Zelle eingewiesen. Mit einem lauten Knall fällt die Eisentür hinter mir ins Schloss.

Jetzt sitze ich also im Häfn.

Der Raum ist kärglich ausgestattet: mit einem Bett, das man von der Wand klappen kann, drei zusammengeschobenen wulstigen, mindestens 50 Jahre alten – sicherlich verlausten – Matratzen, einer kotverschmierten Klomuschel, natürlich ohne Deckel. Ein vergittertes Fenster befindet sich in zwei Meter Höhe.

Wer den Film „Midnight Express" gesehen hat, weiß, wovon ich spreche.

Ich setze mich aufs Bett und beginne wie ein kleines Kind zu heulen. Es ist nicht allein die unangenehme Umgebung, die mich psychisch so niederdrückt; vielmehr die Erniedrigung, der ich ausgesetzt bin. Wie wird es weitergehen? Wie lange wird es dauern, bis sich meine Unschuld erweist? Werde ich wieder bei der EBS arbeiten können? In welcher Form werden sich die Kriminalisten des Sicherheitsbüros bei mir entschuldigen? Soll ich ihnen gleich verzeihen oder lasse ich sie Abbitte leisten, indem sie mir ein ausgiebiges Heurigengelage bezahlen? Viele Fragen schwirren mir durch den Kopf.

Die Tür geht auf und ein Kollege serviert mir eine trockene Semmel und einen schwarzen, bitteren Kaffee.

Daraufhin heule ich gleich wieder los und starre mit tränenverschleierten Augen in die Klomuschel. Das hätte ich besser unterlassen sollen, denn augenblicklich dreht sich mir der Magen um. Ich knie vor der Klomuschel und muss mich übergeben.

„Halt durch, das ist eine reine Nervensache“, versuche ich mich zu beruhigen.

Zwanzig Minuten später werde ich in die „Sicherheitszelle“ umgesiedelt.

Wie ich viel später erfuhr, handelte es sich dabei um jene Zelle, in der Selbstmordgefährdete untergebracht werden, um ihnen ihr Vorhaben zu erschweren. Zum damaligen Zeitpunkt konnte ich jedoch keinen Unterschied zu meiner vorherigen Unterkunft erkennen.

Dachten die wirklich, ich würde mir etwas antun? So einfach lasse ich mich nicht unterkriegen, auch nicht in einer solchen Situation!

Erst in den frühen Morgenstunden schlafe ich vor lauter Erschöpfung ein. Während meiner „Schlafenszeit“, höre ich, dass die Klappe meiner Zellentür von den diensthabenden Kollegen immer wieder geöffnet wird. Sie überwachen mein Wohlbefinden. Passt nur gut auf mich auf, denke ich grimmig. Ich könnte euch nie verzeihen, wenn ich mir etwas antun würde, während ich unschuldig eingesperrt bin!

Sehr zeitig in der Früh kontrolliert der Amtsarzt den Gesundheitszustand jedes Häftlings. Der nette Herr Doktor fragt mich nach meinem Befinden. Es könnte mir gar nicht besser gehen, antworte ich ihm. Meinen Humor habe ich wenigstens noch nicht verloren.

Das Frühstück wird serviert. Nicht dass ich mir ein Frühstücksbuffet wie in einem Luxushotel erwartet habe; aber das harte Brot und der fast ungenießbare Kaffee lassen wahrlich alle Wünsche offen!

Schichtwechsel bei den Kollegen. Zwei von der neuen Gruppe haben mit mir die Polizeischule absolviert. Sie kommen an die Tür meiner Zelle.

„Hallo! Was ist passiert?", werde ich gefragt.

Bei diesen Worten öffnet sich in meinem Inneren eine Schleuse und ein Redeschwall ergießt sich über die beiden. Ich schildere ihnen die Erlebnisse der letzten Tage.

Aufmerksam hören sie mir zu und schütteln immer wieder ungläubig die Köpfe. Es sei eben eine ständige Gratwanderung bei der EBS, meinen sie, man könne nie genau wissen, was am nächsten Tag geschehen werde.

„Aber wenn du ins Landesgericht überstellt werden solltest ..."

Mitten im Satz unterbreche ich meinen Kollegen. Warum sollte ich dorthin überstellt werden? Schließlich gebe es keinen Grund dafür.

„Ich weiß auch nicht warum, aber solltest du wirklich überstellt werden, dann hast du im Landesgericht alle Möglichkeiten offen, um dich zu verteidigen. Da wirst du dem Journalrichter vorgeführt und kannst mit dem U-Richter reden. Und deinen Anwalt darfst du auch kontaktieren. Weiters ist das Essen besser und die Zellen sind auch komfortabler."

Großartig! Erlaubt sich der Kollege jetzt einen Scherz mit mir oder ist das Gesagte ernst zu nehmen?, frage ich mich und kann seinen – sicherlich gut gemeinten – Worten nichts Positives abgewinnen.

Nach zehn Minuten lässt sich derselbe Kollege noch einmal blicken. Er bringt mir ein Wurstbrot mit Ei.

„Das hat mir meine Frau gemacht. Ich habe schon gefrühstückt. Iss, ich muss wieder auf meinen Posten. Alles Gute und lass den Kopf nicht so tief hängen!", muntert er mich auf und verabschiedet sich gleich wieder.

In meiner labilen Verfassung heule ich vor lauter Rührung los.

Die Klappe meiner Zellentür bleibt geöffnet, vermutlich um mich ständig beobachten zu können. Ich komme mir vor wie ein Affe aus dem Schönbrunner Zoo, der auch keinen Augenblick unbeobachtet verbringen kann.

Ich muss auf die Toilette. Aber bei offener Türklappe kann ich nicht.

So gesellen sich zu meinen geistigen Qualen auch noch körperliche, zumal meine Eingeweide – ob nervlich bedingt oder durch den exzessiven Einsatz der Bach-Blüten – rebellieren.

Es wird Mittag und keiner kümmert sich um mich. Sie wollen mich also mürbe machen! Aber das Spielchen kann nur 48 Stunden dauern, dann muss eine Entscheidung getroffen werden. Entweder kann ich nach Hause gehen oder ich werde ins Landesgericht überstellt – daran will ich lieber nicht denken.

Am Speiseplan steht „Huhn mit Reis". Geliefert wird ein kleiner Teller mit Reis und einigen Fleischfasern darauf. Aber Gott sei Dank gibt es noch Menschen. Ein Kollege bringt mir einen großen Teller mit viel Reis und einer ganzen Hühnerkeule. Die Betonung liegt auf ganz. Den Teller in Ermangelung eines Tisches auf meinem Schoß haltend, sitze ich am Bettrand – Stuhl gibt es ja auch keinen – und beginne überglücklich das zähe Hühnerfleisch mit dem Löffel zu bearbeiten. Messer und

Gabel gibt es selbstredend auch nicht, denn die könnte ich dazu benützen, um mich umzubringen.

Gerade will ich mir den ersten Bissen in den Mund schieben, als die Tür aufgeht und ein Kollege vom Sicherheitsbüro hereinkommt. Er setzt sich zu mir aufs Bett.

„Pass auf, Kollege, du machst dir die Hose schmutzig", sage ich zu ihm und lächle gezwungen.

„Nein, nein, geht schon, iss nur in Ruhe fertig. Freut mich, dass du noch immer Humor hast."

Eigentlich ist es mir schrecklich peinlich, dass der Kollege beobachtet, wie ich das Huhn mit dem Löffel bearbeite. Er könnte denken: „Schaut ihn euch an, jetzt haben wir ihn weich gekriegt!"

Diese Freude gönne ich keinem.

„Geht schon, ich habe heute keinen Hunger. Wahrscheinlich liegt das an der Hitze." Damit schütte ich – das kann ich sogar vom Bettrand aus erledigen – das Reishuhn in die Toilette.

Ich merke, wie mein innerer Widerstand schrumpft, lange halte ich hier nicht mehr durch. Ich will nur noch raus. „Was muss ich tun, um da rauszukommen? Soll ich zugeben, dass ich während meiner Untergrundeinsätze gekokst habe, um vor dem Dealer glaubwürdig zu wirken? Reicht euch das? Ich habe nicht mehr anzubieten."

„Ja, es wäre ein Anfang; aber ob du nach Hause gehen kannst, ist eine andere Frage."

Ich folge dem Kollegen durch die düsteren Gänge zurück zum Sicherheitsbüro.

Was für eine Freude! So viele Kollegen warten schon auf mich!

Wissbegierig und in Erwartung der Dinge, die ich gleich ausplaudern werde, sitzen sie da und warten.

„Das Einzige, was ich euch servieren kann, ist ..." Und ich beginne über die Begebenheit im Lokal *Lepa Brena* zu „plaudern".

„Das ist alles. Kann ich jetzt gehen?", frage ich ziemlich kleinlaut und fühle mich gleichzeitig erleichtert, weil ich meine dienstliche Sünde endlich gestanden habe.

„Das wird sich weisen. Jetzt halten wir einmal Rücksprache mit der Staatsanwaltschaft. Die entscheidet."

Ich werde zurück in meine „Suite" gebracht. Der Nachmittag vergeht recht ruhig, nur ab und zu höre ich jemanden in den Gängen schreien: „Lossts mi auße, i hob nix g'mocht!", oder: „Ich brauchen Dokta, ich haben große Schmerzen!" Trägt ungemein zu einer positiven Gemütsverfassung bei!

Gegen Abend bringt man mich zum Fotoshooting. Bitte lächeln, die Haare hinters Ohr! Dann die Finger in die schwarze Farbe tauchen und auf einem Papier abrollen – wie es sich für einen Verbrecher eben gehört.

Ich lasse alles über mich ergehen.

Mittlerweile sind 47 Stunden vergangen und ich sitze immer noch in der „Liesl". Doch dann höre ich Schritte. Ich werde abgeholt.

Jetzt geht's ans Eingemachte! Mir ist wahrlich nicht wohl zumute, weil der mich begleitende Kollege meine Frage mit keinem einzigen Wort beantwortet. Entweder ist er sauer, weil ich freigelassen werde, oder er will mir nicht sagen, dass ich ins Landesgericht überstellt werde, vermute ich. So weit bin ich in meinen Überlegungen gekommen, als wir das Sicherheitsbüro erreichen, wo ein Kollege bereits auf mich wartet.

„Die Staatsanwaltschaft hat beschlossen, dich vorübergehend in Untersuchungshaft zu nehmen. Tut mir Leid, ich kann dir da nicht helfen."

„Was, bitte, soll untersucht werden?!“ Ein Gefühl völliger Verzweiflung droht mich zu überwältigen.

Im Hof des Sicherheitsbüros pfercht man mich mit sechs anderen Häftlingen in einen Gefangenentransporter. Das Mitteilungsbedürfnis jedes Einzelnen ist sehr groß und die Erfahrungen und Eindrücke der letzten 48 Stunden werden rasch ausgetauscht. Klarerweise fühlen sich alle unschuldig und zu Unrecht kaserniert. Die Erzählungen geben mir erste Hinweise auf das, was mich in der nächsten Zeit – ob es sich nun um Tage oder um Wochen oder sogar Monate handeln würde, konnte ich zum damaligen Zeitpunkt nicht wissen – erwartet.

Aufnahmeraum Landesgericht 1: Von einem sehr netten Justizwachebeamten werde ich sofort abgesondert und in einen Extraraum gebracht.

„Ich kenne deine Geschichte und ich weiß auch, dass du fürchterlich reingelegt worden bist. Da du Polizeibeamter bist, sondere ich dich von den anderen ab. Wir achten darauf, dass du auf keinen Fall mit Häftlingen zusammenkommst, die du selbst eingesperrt hast. Ich denke, das ist in deinem Sinn.“

„Ja natürlich, danke, das ist ganz super – soweit man in einer solchen Situation davon sprechen kann“, entgegne ich ihm.

Endlich wieder Menschen! Ich muss eine halbe Stunde in diesem fensterlosen Extraraum ausharren, bevor mich ein anderer Justizwachebeamter abholt und in meine eigentliche Zelle führt. Auf dem Weg dorthin muss er unzählige schwere Stahltüren auf- und hinter uns wieder zusperren.

Die neue Zelle mutet im Vergleich zum Gefangenenhaus wie ein Drei-Sterne-Hotelzimmer an.

Die Toilette samt Waschbecken ist am Anfang des länglichen Raumes angebracht. Dann gibt es noch ein Stockbett und einen Holzschrank.

Meine erste Tätigkeit in meiner neuen Umgebung besteht darin, dass ich aus lauter Verzweiflung den Boden aufwasche. Dann versuche ich das Bett frisch zu beziehen, was mir aber nicht recht gelingt, weil ich am ganzen Körper zittere. In meinem Spind finde ich an der Innenseite Zeitungsausschnitte mit Abbildungen nackter Frauen. Einer der früheren Bewohner dieses Raumes hat auf die Holztüre Durchhalteparolen geschrieben wie: „Nur ned rean, meine Herr'n, auch die längste Zeit vergeht einmal" ...

Was ich dann finde, lässt mich an einen Westernfilm denken: eine fachmännisch geknüpfte Galgenschlinge! Ob die mir jemand absichtlich hergelegt hat? Im Grunde ist das egal. Sie landet im Papierkorb – den gibt es auch noch.

Am späteren Abend schenkt mir ein Justizler eine volle Packung Zigaretten. „Do host, Kollege", sagt er und schließt geräuschvoll die schwere Stahltür meiner Zelle ab.

Ich putze wie ein Irrer den schwarzen Boden, das Waschbecken und die Toilette – einfach alles. Einmal schwimmt der ganze Boden, weil ich über den Wasserkübel gestolpert bin. Das Wasser rinnt bis unters Bett und ich putze den Zehnjahresdreck aus allen Winkeln. Sogar ein gebrauchtes verstaubtes Kondom kommt unter dem Bett zum Vorschein.

Plötzlich geht das Licht aus. Was ist jetzt los? Aber dann fällt mir ein: Um zehn Uhr wird das Licht ausgeschaltet, damit die schlimmen Kinder schlafen können. Also wische und wringe ich im Dunkeln weiter. Durch das mit Stahlstreben gesicherte Fenster dringt fahles Scheinwerferlicht vom Innenhof in meinen Raum.

Um Mitternacht bin ich endlich fertig mit dem Großreinemachen. Ab geht's ins Bett, damit ich für den nächsten Tag fit bin. Es ist drückend heiß und ich muss das Fenster geöffnet halten, sonst glaube ich zu ersticken. Nachträglich erscheint mir meine Putzaktion besonders intelligent: Dampf steht im ganzen Raum …

Im Gebäudeteil auf der anderen Seite des Hofes sind die Jugoslawen beherbergt. Von dort schallt es laut: „I believe I can fly" von Art Kelly. Eine Nummer, die ich bis zum heutigen Tag nicht mehr hören kann!

Endlich schlafe ich ein und werde von einem markdurchdringenden Schrei aufgeweckt. Ich schrecke hoch und schlage mir den Kopf am Lattenrost des oberen Stockbettes an. Fluchend, mit Herzrasen und schmerzendem Schädel lege ich mich wieder nieder, kann aber nicht mehr einschlafen. Es ist zwei Uhr morgens und ich bin putzmunter. Offenbar können die anderen Gefängnisinsassen auch nicht schlafen, denn es ist ein ständiges Schreien und Singen zu hören. So geht das die ganze Nacht weiter. Schreit einmal keiner, dann gurren mir die Tauben auf dem Fenstersims den Kopf voll.

06.00 Uhr morgens

Durch die Klappe meiner Zellentür wird mir Tee und Brot gereicht. Am Frühstück hat sich also nichts geändert! Komisch, dass ich dabei jedes Mal einen Heulkrampf bekomme!

09.00 Uhr

Ich werde von einem Justizwachebeamten abgeholt.

„Dein Anwalt ist da", sagt er zu mir.

Ich bin überrascht, dass das so schnell gegangen ist, und folge dem Kollegen in ein anderes Stockwerk, vorbei an grimmigen blassen Leuten, die mich allesamt anstarren. Mit gesenktem Kopf laufe ich weiter hinter ihm her, um ja nicht von irgendeinem Häftling erkannt zu werden. Immerhin haben es mehrere Insassen nur mir zu verdanken, dass sie hier logieren, und ich will vermeiden, dass mich jemand wiedererkennt.

Endlich werde ich in einen Raum – wieder ohne Fenster – mit Holzbänken an den Wänden verfrachtet. Hier befinden sich gut 25 Häftlinge, davon zehn Schwarzafrikaner, die sich laut in ihrer Heimatsprache unterhalten. Der Justizwachebeamte beteuert, dass keiner von ihnen von mir eingesperrt worden ist und auch keiner weiß, dass ich Polizist bin.

Jeder – damit meine ich auch wirklich jeder – raucht. Man kann sich den Gestank und Rauch vorstellen, wenn 25 Menschen in einem fünf mal fünf Meter großen Raum eine Zigarette nach der anderen rauchen. Ich bin zwar selbst Raucher, aber so etwas habe ich noch nicht erlebt.

Alle paar Augenblicke geht die Tür auf, eine Person wird aufgerufen und verlässt den Raum.

Mir wird schwindlig. Ich bitte den Justizler, mich doch auf dem Gang warten zu lassen. Als er mein bleiches Gesicht sieht, lässt er mich sofort hinaus. An die Wand gelehnt verharre ich in Hockstellung. Die schweren Burschen gehen an mir vorbei und ich habe das Gefühl, im nächsten Augenblick das Bewusstsein zu verlieren.

Endlich, nach zwei langen Stunden, bin ich an der Reihe. Ich betrete den Anwaltsraum.

„Jetzt schauen wir als Erstes, dass wir Sie da rauskriegen“, meint der von meinem Vater akquirierte Staranwalt aus der Wiener City.

„Ja, dafür haben Sie meine volle Unterstützung. Und wenn's möglich wäre, bitte vorgestern", umreiße ich meine Forderung. In den fünf Minuten, die uns zur Verfügung stehen, versuchen wir die weitere Vorgehensweise festzulegen.

„Sie müssen jetzt nur durchhalten und geduldig sein, es kann noch eine Weile dauern, aber ich mache mein Möglichstes. Vorerst müssen wir die Haftprüfung abwarten. Die ist nach sechs Tagen", erklärt mein Anwalt.

„Wie bitte? Sechs Tage? Da drehe ich ja durch! Warum so lange? Ich habe schließlich nichts getan!" In meiner Erregung merke ich gar nicht, dass meine Stimme immer lauter wird.

„Noch einmal: Ich weiß, es ist sehr schlimm für Sie, aber da müssen Sie jetzt durch. Ich setze mich mit Ihrer Lebensgefährtin in Verbindung und mache alles Menschenmögliche, um Sie da rauszuholen. Ich werde jetzt gleich zur U-Richterin gehen und mit ihr reden."

Nach der Verabschiedung geht es wieder zurück in meine Zelle. Mir ist schlecht und ich rauche im Akkord.

11.00 Uhr
Das Mittagessen wird gebracht. Es besteht aus klarer Suppe und Grießnudeln. Hier habe ich sogar schon ein eigenes Metallbesteck. Man stelle sich vor: eine richtige Gabel mit spitzen Zinken und ein Messer mit geschärfter Klinge! Ich bringe nichts hinunter und trinke lediglich den mit Wasser aufgespritzten Frühstückstee.

15.00 Uhr
Zeit fürs Abendessen. Brot mit Butter und ein welker Apfel stehen auf dem Speiseplan.

Ich läute an der Glocke und bitte über die Gegensprechanlage um Papier und Kugelschreiber. Sobald ich beides habe, setze ich mich und schreibe mir die Finger wund. Im Brief an meinen Generalinspektor versuche ich die Situation aus meiner Sicht zu erklären. Für die zuständige U-Richterin verfasse ich einen detaillierten Bericht, dem sie entnehmen soll, dass ich unmöglich schuldig sein kann. An Sabine richte ich insgesamt drei Briefe.

Es gibt weder Radio noch Fernseher. Isolation pur. Also bringe ich meine Unterkunft wieder auf Hochglanz. Ein Stockwerk über mir füttert ein Häftling die Tauben und dabei fallen Brotkrümel durch mein Fenster auf meinen blitzblanken Teerboden. Geduldig hebe ich jeden Krümel einzeln auf. Ich habe ja sonst nichts zu tun.

Die nächste Nacht vergeht genauso wie die erste, ich höre wieder bis zum Überdruss das „I believe I can fly". Ich hasse diese Nummer mittlerweile. Ich nehme mir vor, am nächsten Tag um psychologische Betreuung zu bitten.

Gesagt, getan. Diesmal werde ich in einen hellen Raum gebracht, der sogar Fenster hat, wenngleich auch diese mit Gittern versehen sind. Eine Frau Doktor erwartet mich bereits. Ich erzähle ihr meine Geschichte und meine Probleme. Aufmerksam hört sie mir zu und meint schließlich, ich solle mich noch eine Weile gedulden, es werde sich sicherlich bald alles aufklären. Das habe ich schon einmal gehört! Außerdem werde sie mir täglich zwei Valiumtabletten bringen lassen, damit ich besser schlafen könne.

Zurück in meiner Zelle versuche ich die Worte der Frau Doktor in die Tat umzusetzen. Ich bemühe mich geduldig zu sein. Aber sosehr ich mich auch bemühe, es gelingt mir nicht. Zu tief sitzt das Trauma.

Mittagessen: klare Suppe, Krautfleckerl, Frühstückstee gespritzt.

Keine Chance. Ich bringe wieder keinen Bissen hinunter. Ich schaffe bloß ein paar Löffel Suppe.

Abendessen: eine Dose Fisch, ein Stück Brot. Den Fisch esse ich, denn der ist aus der Dose.

Ich bitte den Justizwachebeamten um die zwei Wasserkanister, die ich zuvor auf dem Gang erspäht habe. Auf die Frage, wozu ich diese benötige, erkläre ich ihm, dass ich trainieren wolle.

Ich bekomme die beiden 30-Liter-Kanister und fülle sie mit Wasser. Dann nehme ich den Besen, montiere die Borsten ab und befestige an den beiden Enden der Besenstange die Griffe der Kanister. Fertig ist meine Langhantel! Jetzt breite ich die Schlafdecke auf dem Boden aus, stelle zwei Stühle nebeneinander – so habe ich eine Drückbank!

Wie ein Irrer trainiere ich zwei Stunden durch und bin dann völlig durchnässt. Während der anstrengenden Übungen schreie ich meinen ganzen Frust heraus und sehe aus den Augenwinkeln, dass der Stockchef kopfschüttelnd hinter der geöffneten Klappe der Zellentür zusieht.

Meine Schultern und Brustmuskeln brennen höllisch und kurzfristig wird mir schwarz vor den Augen. Kein Wunder, ich habe seit Tagen fast nichts gegessen.

Gegen Abend bringen mir zwei Krankenpfleger die versprochenen Beruhigungstabletten. „Aber nur eine nehmen, und wenn die nichts nützt, die zweite auch noch. Dann sollten Sie theoretisch schlafen können", meint der nette Pfleger.

Da ich weiß, dass in meinem momentanen Zustand eine Tablette nichts helfen wird, schlucke ich gleich beide auf einmal und setze mich, um noch Briefe zu schreiben.

Meine Hand zittert noch von der Anstrengung des Gewichthebens, was sich auf das Schriftbild auswirkt. Man könnte glauben, ein Greis hätte die Zeilen geschrieben.

Nach zwanzig Minuten setzt plötzlich die Wirkung der Tabletten ein. Dazu kommt noch, dass ich bereits zwei Nächte so gut wie nichts geschlafen und am Nachmittag wie ein Verrückter trainiert habe. Mit einiger Mühe schleppe ich mich bis zu meinem Bett. Kaum liege ich drinnen, schlafe ich augenblicklich ein.

Um 03.00 Uhr Früh wache ich wieder auf und kenne mich erst gar nicht aus. Es kommt mir so vor, als läge ich in meinem Bett zu Hause. Was für ein wunderbares Gefühl! Es hält jedoch nicht lange an und schon bald tauche ich in die Anstaltsrealität ein. Ein schlimmes Erwachen! Die Jugos johlen wie üblich ihre Heimatlieder, wechseln zwischendurch mit dem Art-Kelly-Song ab – an Schlaf ist nicht mehr zu denken. Die Hofbeleuchtung reicht aus, um meine Hantel wieder hervorzuholen und eine Trainingseinheit einzubauen. Bis zum Frühstück stemme ich mir jeden Gedanken aus dem Kopf und lege mich erst um 07.00 Uhr wieder nieder.

08.00 Uhr
Spaziergang im Hof ist angesagt. „Muss ich mitgehen oder darf ich hier bleiben?“, frage ich den Wachebeamten.

„Willst nicht ein bisschen an die frische Luft gehen und dir die Beine vertreten?“

„Nein, ich will keinen von den anderen Häftlingen sehen oder Kontakt haben“, entgegne ich und darf in meiner Zelle bleiben.

Ich will gar nicht daran denken, wie ein Zusammentreffen mit Dealern hier im Gefängnis für mich ausgehen würde …

Mein linkes Auge beginnt sich zu röten. Ich kann im Spiegel eine Schwellung erkennen, die von Stunde zu Stunde stärker wird. Der Zustand verschlimmert sich dermaßen, dass mein Auge komplett zuschwillt und ich nichts mehr sehen kann.

Ich werde zum Arzt der Justizanstalt gebracht. Der ist sehr nett und meint einen Zusammenhang zwischen meiner seelischen Verfassung und der Augenentzündung erkennen zu können. Ein Fläschchen Augentropfen und ein aufmunternder Schlag auf die Schulter zur Verabschiedung und dann bringt mich eine Beamtin der Justizwache in meine Herberge zurück. Im Aufzug mustert mich die sehr hübsche Beamtin und lächelt mich an. – Nein, nein, jetzt kommt nicht das, was Sie wahrscheinlich denken! Müde lächle ich zurück und will ein Gespräch mit ihr beginnen, doch da beendet der Aufzug schon unsere Fahrt und ich bin wieder in meiner Etage angekommen.

„Auch wieder daheim?", begrüßt mich der Chef vom Stockwerk. „Alles wieder gesund?"

Ich fühle mich so krank und niedergedrückt, dass ich sogar selbst die Tür schließe und mich ins Bett lege.

Die nächsten zwei Tage vergehen im gleichen Trott. Sabine hat mir 1500 Schilling angewiesen, damit ich mir von der justizeigenen Versandstelle diverse Sachen kaufen kann: zwei Stangen Zigaretten, zehn Dosen alkoholfreies Bier, Toiletteartikel, Kartonnagelfeilen, Speck. Der hält nicht sehr lange. Ich verfüge ja über keinen Kühlschrank, daher muss ich ihn auf schnellstem Wege verdrücken. Die Dosen stelle ich in einen Wasserkübel, damit das Bier nicht Zimmertemperatur erreicht.

Also insgesamt ein aufregender Tag mit zwei Stunden Schlaf und vier Stunden nächtlichem Training mit meinen Wasserkanistern. Und dann Sterilisieren der Zelle ...

Vierter Tag

Einvernahme durch die U-Richterin. Ich wiederhole nur das, was ich schon vor den Kollegen des Sicherheitsbüros ausgesagt habe. Insgeheim hoffe ich, dass sie nicht die gleiche verbohrte Einstellung wie diese Kollegen hat. Nein, keineswegs, sie behandelt mich sehr nett und nicht so aggressiv wie die SB-Männer.

Kein Schlaf, dafür fünf Stunden Training. Verfasse etliche Briefe an Sabine.

Fünfter Tag

Ich fiebere der Haftprüfungsverhandlung entgegen. Mein Anwalt meint, dass ich bei dieser sicher entlassen würde. Es gebe schließlich keine Gründe für eine Haftverlängerung.

Habe dunkle Ränder unter den Augen. Mein Oberkörper formt sich langsam aufgrund des intensiven Gewichthebens. Diesmal schlafe ich von ein bis vier Uhr Früh und fühle mich richtig ausgeschlafen.

Ich verstaue meine Hose und meine drei Hemden in der Tasche und treffe noch die restlichen Vorbereitungen, um sofort nach erfolgter Haftprüfung diesen Ort verlassen zu können. Für mich besteht kein Zweifel, dass ich heute endlich nach Hause gehen darf.

Am Morgen stärke ich mich mit dem vom Zimmerservice angelieferten Frühstück, um bei der für 09.00 Uhr anberaumten Verhandlung fit zu sein.

Fünf Minuten vor neun werde ich abgeholt und in den Verhandlungssaal geführt. Ich muss mich hinter ein Pult stellen. Um mich herum haben alle wichtigen Leute Platz genommen: U-Richterin, Staatsanwältin, Journalrichter und mein Anwalt, der bedauernd den Kopf schüttelt und mir so zu verstehen gibt, dass ich noch ein bisschen ausharren müsse.

Aus der Richtung der Staatsanwältin dringen ziemlich böse Worte an meine Ohren. Ich habe nur so viel in Erinnerung: „Der Verdächtige hat Folgendes getan ... und kann deshalb nicht entlassen werden. Es fehlen noch wichtige Zeugen ..."

Schon nach wenigen Minuten ist der Spuk vorbei und es geht wieder in meine Zelle zurück. Unfassbar, dass in so kurzer Zeit über mein Schicksal entschieden werden konnte! Ich habe mir eine ernsthafte Auseinandersetzung mit meinem Fall erhofft. Wenn mir schon im Sicherheitsbüro keiner glauben will, ist das schlimm genug. Aber wie kann ich trotz Haftprüfung unschuldig eingesperrt bleiben?! Das muss den Zuständigen doch inzwischen klar geworden sein, dass Iris alles erstunken und erlogen hat.

Es regnet. Ich stelle einen Stuhl ans Fenster und glotze in den Hof. Dieser ist durch Bretterwände in vier kleine Höfe unterteilt. In jedem von ihnen bewegen sich etwa 30 Anstaltsinsassen und gehen im Kreis oder hocken in einer Ecke und rauchen. Die ganze Szenerie mutet gespenstisch an. Plötzlich zucke ich zusammen. Wen sehe ich denn da? Ich kann einen türkischen Staatsbürger erkennen, den ich vor noch gar nicht so langer Zeit habe festnehmen lassen. Mit Rauschgift erwischt. Wenigstens er weiß, weswegen er hier ist.

Gut, dass ich mich im zweiten Stock befinde und vor

den Fenstern dicke Stahlgitter angebracht sind, so kann mich niemand erkennen. Außerdem: Wer rechnet schon mit meiner Anwesenheit hier?

Nur nicht darüber nachdenken! Also trainiere ich den ganzen Nachmittag. Nach unzähligen Kniebeugen bin ich so geschafft, dass ich nicht mehr aus der Hocke hochkomme.

Am Abend schlucke ich meine Valiumtabletten und schlafe drei, vier Stunden.

Am zehnten Tag sehe ich bereits wie ein Zombie aus: eingefallene Wangen, jetzt schon stärkere dunkle Ränder unter den Augen, die Haare wie platt gedrückt, aufgeblasener Oberkörper, Achttagebart.

Nun fühle ich mich schon wie ein richtiger Insasse der Justizanstalt. Gratulation, ich habe es wirklich weit gebracht!

Für meine Karriere bei der Polizei sehe ich keine Hoffnung mehr. Ich bin so gut wie entlassen, und wenn ich noch länger hier bleiben muss, läuft mir Sabine vermutlich auch noch davon. Mit einem Wort: rosige Zukunftsperspektiven!

Vierzehnter Tag

Ich habe eine sehr sportliche Nacht hinter mir. Um 09.00 Uhr morgens werde ich von einem Justizwachebeamten abgeholt und zur Einvernahme vor die U-Richterin gebracht. Lethargisch laufe ich neben meinem Bewacher her, bis er mich im Vorraum der U-Richterin mit einem zweiten Häftling einsperrt.

Neben mir sitzt der bereits erwähnte Türke, ein etwa 20-jähriger blasser Bursche mit völlig zerstochenen Unterarmen. Jetzt spricht er mich an: „Ich bin schon seit drei Wochen wegen Heroinhandels hier. Und du? Weswegen bist du hier?“

„Ich habe einen Typen niedergeschlagen, der mir blöde Fragen gestellt hat.“ Ich will einfach keinen Kontakt.

Das wirkt. Ganz still sitzt der Jüngling jetzt da und getraut sich nicht einmal mir in die Augen zu schauen.

Jetzt tut er mir wieder Leid. Vielleicht wollte er ja nur ein bisschen freundlich zu mir sein. Nach meiner Enthaftung werde ich Priester oder Mönch, nehme ich mir fest vor.

Endlich bin ich an der Reihe. Ich setze mich an den Tisch der U-Richterin und harre der Dinge, die da kommen werden. Ich habe keine Ahnung, was sie von mir will.

„Also, Herr Inspektor. Sie werden heute enthaftet. Wir haben den letzten Zeugen gefunden, der Ihre Angaben bestätigt und Sie somit entlastet.

Gehen Sie jetzt wieder in Ihr Stockwerk zurück und warten Sie, bis man Sie abholt.“

„Danke und schönen Tag“, sage ich tonlos, während ich aufstehe. Hätte ich mich vielleicht nicht bedanken sollen, dass ich als Unschuldiger zwei Tage in der „Liesl“ und 14 Tage im Landesgericht gesessen bin und nun endlich enthaftet werde? Ich kann es noch gar nicht fassen.

Mein Stockchef erwartet mich bereits mit einem Lächeln. Er habe schon Order bekommen, meine Entlassung vorzubereiten, sagt er und gratuliert mir mit einem festen Händedruck. Wie in Trance gehe ich zur Ausgabestelle, um mir meine früher abgenommenen Sachen aushändigen zu lassen. Ein Justizler sperrt nicht weniger als zehn dunkelgrüne Stahltüren auf.

Endlich gelange ich in die Vorhalle. Dort ist ein Telefon installiert. Ich wähle Sabines Nummer.

„Hallo, es hat sich ausgesessen! Holst du mich bitte ab?“

Mit meiner Sporttasche stehe ich jetzt vor dem Eingang der Justizanstalt. Jeder, der vorbeifährt oder -geht, kann mich als entlassenen Häfnbruder identifizieren.

Nach fünfzehn Minuten steht Sabine endlich vor mir und nach der langen Trennung fällt die Begrüßung sehr stürmisch aus.

„Was willst du denn jetzt machen? Gehen wir nach Hause oder willst etwas essen gehen?“, fragt sie mich fürsorglich.

„Ja, Essen ist in Ordnung, und ich will im Freien, in einem großen Garten sitzen.“

Wir holen nach, was ich in den letzten vierzehn Tagen schmerzlich vermisst habe: einen Heurigenbesuch in Jedlersdorf.

Sehr müde werde ich anschließend nach Hause chauffiert und schlafe zwanzig Stunden durch.

In den folgenden Monaten wachte ich oft mitten in der Nacht schweißgebadet auf und glaubte im Gefängnisbett zu liegen. Ein kurzes Tasten nach Sabine und ich war wieder beruhigt.

Das lange Warten

Eines Tages erhielt ich von der Bundespolizeidirektion Wien eine Vorladung. Ich begab mich dorthin und wurde von zwei Kollegen bereits erwartet.

„Also, Herr Kollege, wir haben hier ein Formular, das du unterzeichnen musst. Es handelt sich um deinen freiwilligen Austritt aus dem Polizeidienst. Wenn du bitte hier rechts unten unterschreibst."

„Ich verstehe nicht ganz. Warum sollte ich freiwillig austreten? Ich habe schließlich nichts verbrochen – außer vielleicht zu viel gearbeitet", sagte ich in schroffem Ton zu den beiden Kollegen.

„Versteh doch. Es ist für dich besser, wenn du freiwillig das Handtuch wirfst. Dann findest du in der Privatwirtschaft leichter wieder einen Job, als wenn du von der Behörde entlassen wirst."

Ich hatte kein Bedürfnis, mich weiter mit den „Kollegen" zu unterhalten, deshalb fragte ich die beiden, ob es sonst noch etwas Wichtiges gäbe. Ich wollte gehen. Natürlich ohne Unterschrift. Ich war zwar suspendiert, aber noch nicht entlassen.

In den folgenden zwei Jahren nahm ich einen Job im Gastgewerbe an und verdiente nicht einmal schlecht. Irgendetwas musste ich schließlich arbeiten, denn mit dem Gehalt als Suspendierter konnte ich nicht einmal meine Fixkosten decken.

Während dieser Zeit war ich mehr als unausgeglichen; mein früherer Beruf fehlte mir sehr. Dazu kam noch das Gefängnistrauma, das mich immer wieder einholte. Die U-Richterin hatte bei meiner Enthaftung gesagt, dass die Anschuldigungen gegen mich haltlos seien. Aber die Gerichtsverhandlung war noch ausständig. Warum es bis zu dieser zwei Jahre dauern sollte, weiß ich nicht. Unschuldig im Gefängnis zu sitzen war schon schlimm genug. Aber jetzt zwei Jahre unschuldig suspendiert zu sein, das griff zusehends meine Nerven an. Dazu kam noch, dass mir die Polizei noch immer nicht glaubte. Die Kollegen wollten mir einfach nicht glauben. Dabei hatten sich alle Anschuldigungen als haltlos erwiesen. Aber die Herren vom Sicherheitsbüro brachten es nicht über sich, ihren Irrtum einzugestehen. Bis heute warte ich vergebens, dass sie zu mir kommen und sich für die miese Behandlung entschuldigen.

Bedingt durch meinen angegriffenen Nervenzustand kam es fast täglich zu Streitereien zwischen Sabine und mir.

Ich sehnte die erlösende Gerichtsverhandlung herbei. Die EBS hatte ich schon abgeschrieben. Blieb bestenfalls der Weg zurück in die Uniform, wenn überhaupt.

Von Zeit zu Zeit erhielt ich von der Staatsanwaltschaft Wien eingeschriebene Briefe, in denen mir mitgeteilt wurde, dass einzelne Anklagepunkte fallen gelassen worden waren.

Von einem Kollegen erfuhr ich, dass Iris wieder einmal im Gefängnis saß, dann aber einen „Freigang“ nützte um unterzutauchen. Man vermutete sie in Spanien und erließ einen internationalen Haftbefehl gegen sie. Mit Betrügereien hatte sich Iris erneut Millionen angeeignet und – so wie ich sie kenne – auch schon wieder ausgegeben. Irgendwo in Spanien hatte Iris anscheinend das schlechte Gewissen gedrückt. Oder hatte sie die Anschuldigungen gegen mich im Auftrag von Unterweltlern erfunden, vor denen sie sich jetzt sicher fühlte? Ich weiß es nicht. Jedenfalls langte eines Tages beim Gericht eine 10-seitige „eidesstattliche Erklärung" ein, von ihr persönlich geschrieben.

In dieser Erklärung widerrief sie sämtliche Punkte, die sie gegen mich fälschlich vorgebracht hatte. Sie begründete ihr Handeln damit, dass sie nur ihre eigene Haut hatte retten wollen.

Große Erleichterung kam in mir auf. Ich sah mich schon wieder im Dienst. Vielleicht würden die Kollegen vom Sicherheitsbüro jetzt, nachdem die schriftliche Erklärung vorlag, über ihren Schatten springen und sich endlich zu einer Entschuldigung herbeilassen. Weit gefehlt! Es sollten noch weitere Monate vergehen. Zwei Gerichtsverhandlungen wurden vertagt, da man für meinen Freispruch die persönlich Aussage von Iris benötigte.

Es hatte nie den geringsten Beweis gegen mich gegeben. Nur die Aussage dieser Frau. Alles, was sie behauptet hatte, war längst widerlegt. Dennoch blieb ich suspendiert.

Aber es sah sehr gut für mich aus – im Gegensatz zu Iris. Sie wurde in Spanien ausgeforscht und festgenommen. Nach ihrer Auslieferung an Österreich wurde sie bei der dritten Verhandlung als Zeugin vorgeführt.

Zerknirscht gab sie vor Gericht zu, alles nur erfunden zu haben. Bis heute bin ich mir nicht im Klaren über das Warum. War es ein persönlicher Rachefeldzug gegen mich? Hatte sie im Auftrag von Kriminellen gehandelt, die mich aus dem Weg haben wollten?

Warum kommen auch heute noch anonyme Anzeigen gegen mich? Wenn sie mir auch nichts anhaben können, so lassen sie mich doch immer wieder aufschrecken. Immerhin weiß ich mittlerweile, wie schnell man unschuldig im Gefängnis sitzen kann. Wie schnell der Ruf ruiniert ist. Wie schnell sich die Freunde abwenden.

Iris selbst belastete sich mit dieser – für mich positiven Aussage – selbst, indem sie den Tatbestand der Verleumdung erfüllte. Ein Verbrechen, für das sie bestraft wurde.

Auch wenn es nur ein schwacher Trost für mich ist, so lese ich doch immer wieder in dem Protokoll mit der Aktenzahl 28c Vr 6551/97, das für mich zum Freispruch führte. Iris wird darin zitiert: „... zum damaligen Zeitpunkt war jedoch für mich die Situation äußerst prekär, da man mir mitteilte, dass ich in das Landesgericht für Strafsachen überstellt werden sollte. ... Im Hinblick darauf, dass ich einerseits noch eine Freiheitsstrafe von 3 Jahren zu verbüßen habe und andererseits dem Druck der möglichen Überstellung in die Justizanstalt, sowie auf Grund des Druckes, der auf mich ausgeübt wurde, habe ich mich entschlossen, den Inspektor Li zu belasten, auch wenn dies nicht dem mir bekannten Sachverhalt entspricht. ... Ich stehe ständig unter der Angst, dass ich neuerlich in die Haftanstalt zurückkehren muss ... Ich möchte zusammenfassend zum Ausdruck bringen, dass sämtliche Vernehmungsprotokolle, welche mit mir erstellt wurden und sämtliche Fakten, die gegen Inspektor Li in diese eingeflossen sind, nicht der Wahrheit entsprechen. ... Ich hatte panische Angst wegen falscher Aussagen weiterhin in Haft verbleiben zu müssen. Es war für mich fürchterlich, erleben und sehen zu müssen, wie mein Mann und mein Sohn, welche mich in der Zelle besucht haben, geweint und gelitten haben und es für mich als Mutter und Ehefrau schrecklich war, von diesen getrennt zu sein, obwohl ich das Gefühl hatte, dass diese ohne mich völlig hilflos sind. Ich bedaure zutiefst und werde sicher noch lange darunter leiden, dass ich meine Freiheit mir mit falschen Aussagen erkaufen musste und werde versuchen so weit wie mir dies möglich ist, den Schaden wieder gutzumachen, indem ich wie vorstehend die volle Wahrheit angegeben habe."

Schließlich wurde ich in allen Punkten freigesprochen. Auch für meinen zugegebenen Kokainkonsum – damals beim Scheinkauf mit Branko – verurteilte mich der verständnisvolle Richter nicht.

Die Staatsanwaltschaft verstand meine Beweggründe ebenso und erhob keinen Einspruch gegen den vom Richter ausgesprochenen „Freispruch in allen Punkten".

Eines Abends, zirka eine Woche nach der Verhandlung, klopfte es an meine Wohnungstür. Ein uniformierter Kollege von meinem zuständigen Wachzimmer stand draußen und drückte mir einen Zettel in die Hand.

„Dienstantritt morgen um 07.00 Uhr im Kommissariat Favoriten", stand darauf.

Also war endlich meine Suspendierung aufgehoben! Entgegen meinen Vorstellungen nahmen mich die uniformierten Kollegen sehr nett und unvoreingenommen auf. Der zuständige Generalinspektor Schnabl hatte ein Machtwort gesprochen. Immerhin war meine Unschuld erwiesen und ich konnte mich trotz Gefängnisaufenthalts und Suspendierung als völlig rehabilitiert betrachten. Nach und nach machte mir der Dienst in der Uniform wieder Spaß und ich stürzte mich wie gewohnt in meine Arbeit.

Einen kleinen Dämpfer versetzte mir noch die Strafe in der Höhe von 36.000 Schilling, die die Disziplinarkommission des Innenministeriums wegen des zugegebenen Kokainkonsums bei Branko über mich verhängte. Was mir der Richter und der Staatsanwalt nachgesehen hatten, wollte mir die Disziplinarkommission nicht durchgehen lassen. Aber nach allem, was ich durchgestanden hatte, sollte es darauf auch nicht mehr ankommen. Ich hatte zwar kein Verständnis dafür, dass sie mich nach zweijähriger Suspendierung irgendwie bestrafen wollten. Aber mir war klar, warum sie es taten. Sie hätten sonst zugeben müssen, dass alle ihre Schritte gegen mich ungerechtfertigt waren. Wir Polizisten geben so etwas aber nur höchst ungern zu. Mich würde nur interessieren, wie die Disziplinarkommission an meiner Stelle gehandelt hätten. Einen Kokaindeal unter Dach und Fach bringen und sein Leben in Gefahr bringen, wenn man die Kokainstraße ablehnt. Aber so liegen eben Welten zwischen Entscheidungen, die am grünen Tisch gefällt werden, und dem realen Leben.

Geburt

Viel Unterstützung und Hilfe verdanke ich meinen Eltern, meinen Freunden und meiner Sabine, die immer zu mir gestanden sind.

Die Geburt meines Sohnes brachte eine Wende. Sie war auch meine Neugeburt. Das Leben hat für mich wieder einen Sinn!

Verlag Kleindienst

Schwerpunkt:

Polizeiarbeit

im

Buch

Der Bestseller **"Nie mehr Strafe zahlen (1)"** wurde 1999 veröffentlicht. Er entstand in der Zeit, als ich noch Personalvertreter der Polizei war. Immer wieder beschwerten sich Polizisten, dass die Gesetze zu viele Lücken aufweisen. So starteten wir ein Projekt und listeten die Gesetzeslücken auf. Diesen Katalog legten wir den Verantwortlichen in den Ministerien, im Parlament und diversen Interessenvertretungen vor. Zu unserer großen Überraschung erhielten wir ziemlich einheitliche Antworten darauf: Die Lücken seien bekannt, aber es bestehe kein Interesse an einer Gesetzesreform. "Von den Lücken wissen ohnedies nur wenige Bescheid", hieß es immer wieder. Das lässt sich ändern, dachte ich und schrieb zusammen mit Team Straflos ein Buch.

"Ich gestehe" erschien im Herbst 2000. Neben zahlreichen Missständen, innerhalb der Polizei decke ich darin die illegale Datenweitergabe auf, die letzlich in der so genannten "Spitzelaffäre" an die Öffentlichkeit kam. Trotzdem umfasst dieser Teil im Buch nur wenige Seiten. Alle Arten von Polizeiübergriffen sind durch zahlreiche Fälle dokumentiert.

Der Innenminister präsentiert zusammen mit Experten seine Sicherheitsvorschläge.

Aber auch die positiven Seiten der Polizei finden Platz. Erfolgreiche Amtshandlungen und bis dahin nicht veröffentlichte Anekdoten können nachgelesen werden. Experten aus dem Sicherheitsbereich kommen in Interviews zu Wort. Sie präsentieren ihre Vorschläge für eine umfassende Polizeireform.

"Der Polizist als Millionär"

Von 1996 bis 1999 erwarb ich an der Börse und mit Immobilien ein Millionenvermögen. Erst dadurch wurde mir die Gründung meines Verlages und die Veröffentlichung der Bücher möglich. Dass Sie, verehrte Leser, dieses Buch in Händen halten, ist somit auch meinen Aktiengewinnen zu verdanken. Im Buch beschreibe ich nicht nur, wie es mir gelungen ist, Aktienmillionär zu werden, sondern zeige auf, wie Sie, verehrte Leser, ebenfalls mit Aktien reich werden können.

Werfen Sie einen Blick auf meine Aktien-Empfehlungen unter *www.kleindienst.cc*

www.kleindienst.cc

Hier erreichen Sie uns

Hier erfahren Sie das Neueste vom Verlag

Hier informiert Sie Josef Kleindienst über aktuellste Börsenentwicklungen

Hier können Sie einen kostenlosen E-Mail-Newsletter anfordern

Wir freuen uns auf Ihren Besuch!

Treten Sie in Kontakt mit uns!

☐ Nehmen Sie mich in den kostenlosen E-Mail-Infodienst (Newsletter) auf.
Meine E-Mail Adresse lautet:

☐ Ich interessiere mich für die Rhetorik- und Kommunikationsseminare, bitte schicken Sie mir Infomaterial.

☐ Ich interessiere mich für Ihr Aktienseminar. Schikken sie mir Infomaterial.

Ideen und Anregungen:

Bestellung:

______	Stück "Undercover"	€ 19,80
______	Stück "Nie mehr Strafe zahlen 2"	€ 29,90
______	Stück "Nie mehr Strafe zahlen (1)"	€ 10,75
______	Stück "Ich gestehe"	€ 10,75
______	Stück "Der Polizist als Millionär	€ 21,14

alle Preise incl. 10 % MwSt

An

Verlag Kleindienst

E. Klinger Straße 19

A-3423 St. Andrä-Wördern

Absender